中1 5科の一問一答

文英堂

contents［もくじ］

本書の特長と使い方

重要事項を一問一答でらくらくチェック！

テストによく出る重要事項を，コンパクトな一問一答形式でまとめました。1単元を1ページで終えられるので，5教科まとめて短期間でチェックできます。

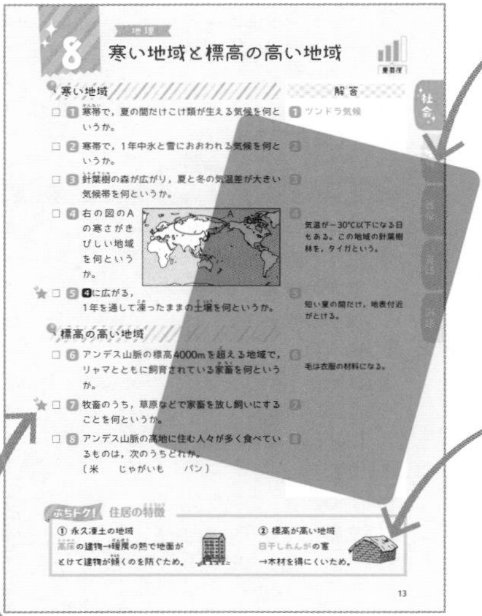

■赤フィルターでくり返し解いて成績アップ！

赤フィルターで答えがかくせるので，何度でもチェックができて，知識が定着→成績アップにつながります。
できた問題の□欄に☑をつけて，まちがえた問題は解けるまでやり直しましょう。

■「ぷちトク！」でおトクな情報をゲット！

各ページの ぷちトク！ には，まちがえやすいポイントやゴロ合わせなど，スッと読めて，テストに役立つ情報がのっています。

■重要な問題をとりこぼさない！

とくに重要な問題には，★マークがついています。
必ず解けるようにしておきましょう。

SOCIAL STUDIES

社会

地理

歴史

地理

1 三大洋と六大陸

重要度

三大洋と六大陸

	解答
★ □ **1** 右の図のA～Cの海洋を，それぞれ何というか。 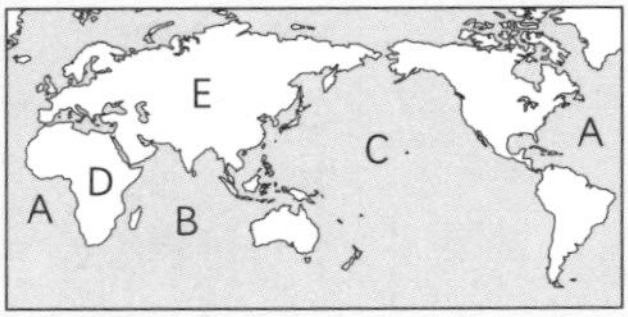	**1** A 大西洋《たいせいよう》 B インド洋 C 太平洋《たいへいよう》 Cはもっとも広い海洋。
★ □ **2** 上の図のDの大陸を何というか。	**2** アフリカ大陸
□ **3** 上の図のEの大陸を何というか。	**3** ユーラシア大陸
□ **4** 6つの大陸のうち，上の図に示されていない大陸がある。何という大陸か。	**4** 南極大陸
□ **5** 地球の表面における海洋と陸地の面積の割合は，およそ（ a ）：（ b ）である。	**5** a 7 b 3
□ **6** 地球は「（　　　）の惑星《わくせい》」とよばれる。	**6** 水

世界の地域の区分

★ □ **7** 右の図のA～Cをふくむ地域を，それぞれ何州というか。 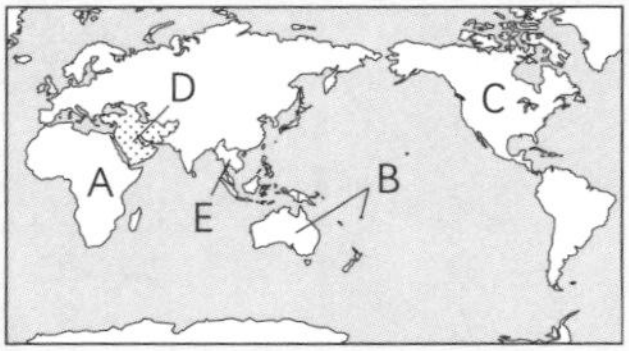	**7** A アフリカ州 B オセアニア州 C 北アメリカ州
□ **8** アジア州をさらに細かく区分した場合，上の図のD，Eは，次のうちそれぞれどれか。 ［ 東アジア　東南アジア　南アジア　西アジア　中央アジア ］	**8** D 西アジア E 東南アジア 日本は，東アジアにふくまれる。

ぷちトク！ 海洋と大陸のポイント

① 地球を半分に分けたとき→海洋が多くをしめる半球を水半球，
陸地が多くをしめる半球を陸半球という。

② ユーラシア大陸は，ウラル山脈を境にして，ヨーロッパ州とアジア州に分けられる。

地理

2 国のようすと国境

重要度

世界の国々

★ □ **1** 右の図の日本のように，周りを海で囲まれている国を何というか。

□ **2** 上の図のモンゴルのように，海に面していない国を何というか。

□ **3** 世界でもっとも面積が大きい国はどこか。

□ **4** 世界でもっとも面積が小さい国はどこか。

□ **5** オーストラリアと日本では，人口密度が高いのはどちらか。

解答

1 島国《しまぐに》［海洋国《かいようこく》］
国全体が大陸からはなれ，他国と陸地で接していない。

2 内陸国《ないりくこく》
国全体が他国と陸続きである。

3 ロシア(連邦《れんぽう》)

4 バチカン市国《しこく》

5 日本

国の境や国旗

□ **6** 国と国との境を何というか。

★ □ **7** 右の図のAとBの国の，境目のもとになっているのは，次のうちどれか。
〔川　山脈　経線〕

□ **8**「ユニオンジャック」とよばれる右の国旗は，どこの国のものか。

6 国境《こっきょう》

7 経線
アフリカを植民地支配したヨーロッパの国々が，直線的に境を引いたなごり。

8 イギリス
オーストラリアやニュージーランドなどの国旗の一部にも使われている。

ぷちトク！ 覚えておきたい面積が大きい国と人口が多い州

① ロシア連邦の面積は，日本の面積の約45倍。

② 世界でもっとも人口が多い州はアジア州。
次いでアフリカ州，ヨーロッパ州の順に多い。

3 地理

緯度と経度

重要度

緯度と経度

解答

★ □ **1** 右の図の緯《い》度《ど》0度であるAの緯線と，経度0度であるBの経線をそれぞれ何というか。

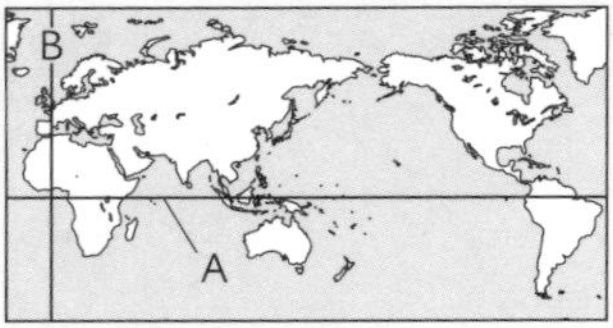

1 A 赤道《せきどう》
B 本初子午線《ほんしょしごせん》
イギリスにある旧グリニッジ天文台を通る。

□ **2** 上の図のAの緯線より北側の，緯度0度から90度の範囲《はんい》を何というか。

2 北半球

□ **3** **2**の緯度の範囲は，(　　　)という。

3 北緯

□ **4** 上の図のBが通る都市は，次のうちどれか。
〔パリ　ローマ　ロンドン〕

4 ロンドン

□ **5** 経線は，経度0度から何度まであるか。

5 180度

□ **6** 南緯90度の地点を何というか。

6 南極点

さまざまな地図の特徴

□ **7** 右の図は，(　　　)が正しい地図である。

7 面積

★ □ **8** 距離《きょり》や面積，方位，形などをほとんど正しく表している，地球を小さくした模型を何というか。

8 地球儀《ちきゅうぎ》
地球全体の形などをほぼ正確に表しているが，持ち運びには不便である。

□ **9** 緯線と経線が直角に交わるメルカトル図法において，面積や距離が拡大されて表されるのは，緯度が低い地方と高い地方のどちらか。

9 (緯度が)高い地方
経線に対し，いつも同じ角度になる。

ぷちトク! それぞれの地図の注意点

① 中心からの距離と方位が正しい地図→中心以外の地点からの距離と方位は異なる。
② 経線と緯線が直角に交わる地図→赤道からはなれるほど，面積が大きく表される。

4 日本の位置と時差

重要度

日本の位置

□ **1** 日本が位置する緯《い》度《ど》は，ほぼ(　　)20度から46度の間である。

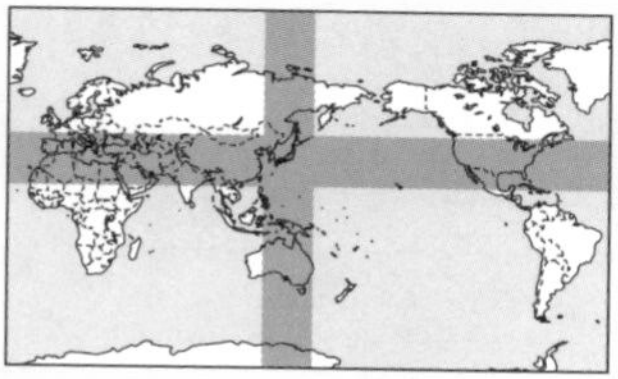

□ **2** 上の図の①日本と同緯度に位置する国，②日本と同経度に位置する国は，次のうちそれぞれどれか。

〔アルゼンチン　オーストラリア
イタリア　スウェーデン〕

時差

□ **3** 各国が標準時の基準にしている経線を何というか。

□ **4** 日本の**3**の経線が通り，「日本標準時のまち」ともよばれる兵庫県の都市はどこか。

□ **5** ほぼ180度の経線に沿って設けられている，日付を調整するための線を何というか。

□ **6** 経度何度ごとに1時間の時《じ》差《さ》が生じるか。

□ **7** 0度の経線が通っているイギリスと，日本との経度差は何度か。

□ **8** 0度の経線が通っているイギリスと，日本との時差は何時間か。

解答

1 北緯
日本は，経度ではほぼ東経122度から154度の間に位置する。

2 ① イタリア
② オーストラリア
アルゼンチンは南アメリカ州に，スウェーデンはヨーロッパ州の北部に位置する。

3 標準《ひょうじゅん》時《じ》子《し》午《ご》線《せん》

4 明石《あかし》市《し》

5 日《ひ》付《づけ》変《へん》更《こう》線《せん》
太平洋《たいへいよう》上にある。

6 15度

7 135度

8 9時間
(経度差)÷(1時間の時差が生じる経度)。

ぷちトク！ 世界から見た日本の位置

① 大陸や海洋から見る→ユーラシア大陸の東。太平洋の北西部。
② 韓国《かんこく》・中国から見る→日本海・東シナ海をはさんで東。

地理

5 日本の領域と領土

重要度

日本の領域

解答

□ **1** 国の領域《りょういき》は，領土《りょうど》・領海《りょうかい》・(　　　)からなる。

1 領空《りょうくう》

□ **2** 日本の国土面積は，次のうちどれか。
〔約28万km² 　約38万km² 　約48万km²〕

2 約38万km²

□ **3** 排他的経済水域《はいたてきけいざいすいいき》は，領海をのぞいた，沿岸から何海里《かいり》までの水域をいうか。

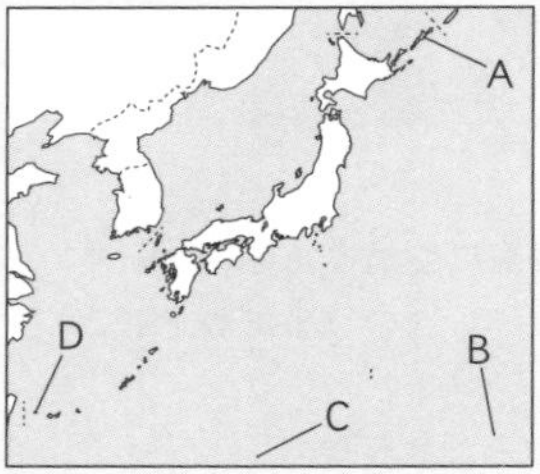

3 200海里
沿岸国に，水域内の資源を利用する権利がある。

★ □ **4** 右の図の，日本の東西南北の端《はし》であるA～Dの島は，次のうちそれぞれどれか。
〔沖ノ鳥島《おきのとりしま》　択捉島《えとろふとう》
与那国島《よなぐにじま》　南鳥島《みなみとりしま》〕

4 A 択捉島
B 南鳥島
C 沖ノ鳥島
D 与那国島

日本の領土

★ □ **5** 右の図のXの島々をまとめて何というか。

5 北方領土《ほっぽうりょうど》

★ □ **6** **5**を不法に占拠《せんきょ》している国はどこか。

6 ロシア(連邦《れんぽう》)

□ **7** 日本固有の領土であるが，韓国《かんこく》が不法に占拠している島を何というか。

7 竹島《たけしま》
日本海《にほんかい》にある島根県の島。

□ **8** 日本固有の領土であるが，中国などが領有権を主張している，魚釣島《うおつりじま》がふくまれる島々を何というか。

8 尖閣諸島《せんかくしょとう》

ぷちトク！ 日本の領域の注意点

① 日本の排他的経済水域は，領土面積の10倍以上にもなる。
② 北方領土は北海道，竹島は島根県，尖閣諸島は沖縄県に属している。

6 世界の気候帯，暑い地域

重要度

世界の気候帯

解答

☐ **1** 次の図とあとの説明のA～Dに共通してあてはまる気候帯を，それぞれ何というか。

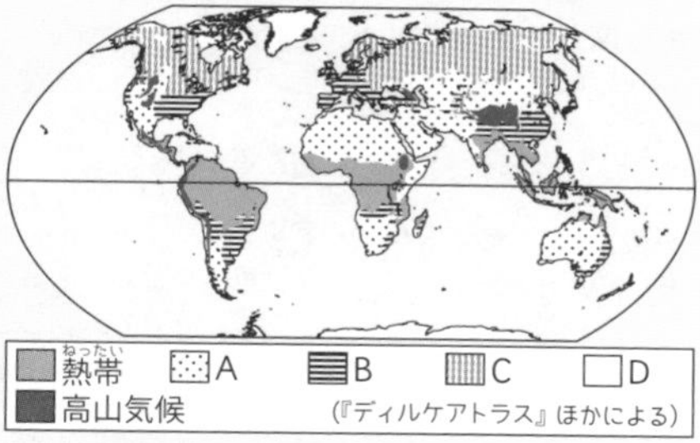

(『ディルケアトラス』ほかによる)

A　降水量がとても少ない。
B　温暖で四季がはっきりしている。
C　冬の寒さがきびしい。
D　1年中寒さがきびしい。

1 A 乾燥帯《かんそうたい》
B 温帯《おんたい》
C 冷帯《れいたい》［亜寒帯《あかんたい》］
D 寒帯
世界の気候帯は，熱帯とA～Dの合計5つに大きく分けられる。

暑い地域

☐ **2** 熱帯で，1年中降水量の多い気候を何というか。

2 熱帯《ねったい》雨《う》林《りん》気候

☐ **3** 熱帯で，雨季《うき》と乾季《かんき》がはっきりと分かれている気候を何というか。

3 サバナ気候

☐ **4** **2**の気候の地域で，毎日のように一時的に降る，強い風をともなう大粒《おおつぶ》の雨を何というか。

4 スコール
一般《いっぱん》的には15分ほどでやむ。

☐ **5** 赤道《せきどう》付近に広がる，1年中緑の葉がおいしげっている森林を何というか。

5 熱帯雨林［熱帯林］
多種類の動植物が生息。

☐ **6** 熱帯の地域で主食になる農産物は次のうちどれか。
〔じゃがいも　　タロいも　　小麦〕

6 タロいも

ぷちトク！ 世界の気候と暑い地域のようす

① 気温は一般的に，赤道付近の熱帯が高く，赤道から遠くなるほど低くなる。
② 熱帯の地域の伝統的な住居→熱や湿気《しっけ》をにがすため，高床《たかゆか》になっている。

地理

7 乾燥した地域と温暖な地域

重要度

乾燥した地域

解答

□ **1** 乾燥帯《かんそうたい》で，1年を通して雨がほとんど降らない気候を何というか。

1 砂漠《さばく》気候
砂や岩の砂漠が広がる。

□ **2** 乾燥帯で，たけの低い草木が広がる気候を何というか。

2 ステップ気候

□ **3** 乾燥した地域でも水が得やすい所を何というか。

3 オアシス

★ □ **4** 乾燥した地域で行われている，草や水を求めて移動しながら家畜《かちく》を飼育することを何というか。

4 遊牧
乾燥に強い羊やらくだを飼育している。

温暖な地域

★ □ **5** 次の図のA～Cにあてはまる気候は，あとのうち，それぞれどれか。

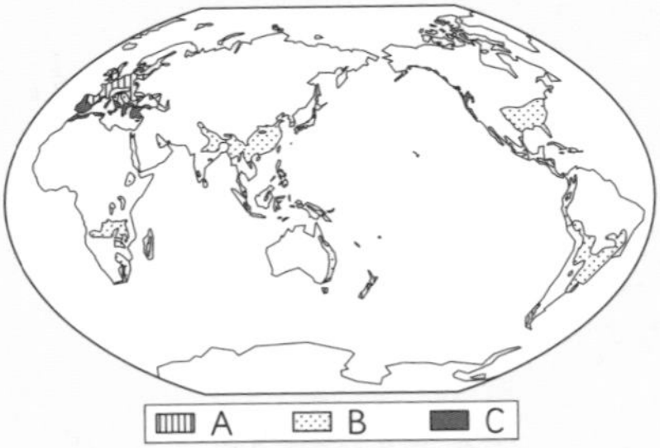

［ 地中海性《ちちゅうかいせい》気候　西岸海洋性《せいがんかいようせい》気候　温暖湿潤《おんだんしつじゅん》気候 ］

5 A 西岸海洋性気候
B 温暖湿潤気候
冬と夏の気温差が大きく，年間を通して降水量が多い。
C 地中海性気候
冬に雨が多く，夏に雨が少なく乾燥する。

□ **6** オリーブやオレンジの栽培《さいばい》がさかんなのは，上の図のA～Cのうち，どの気候の地域か。

6 C
オリーブなどは乾燥に強い。

ぷちトク！ 住居の特徴《とくちょう》

① 乾燥帯の地域
日干しれんがの家
→木材を得にくいため。

② 地中海性気候の地域
石造りや白い壁《かべ》の家
→涼《すず》しさを保つため。

8 地理

寒い地域と標高の高い地域

重要度

寒い地域

□ 1 寒帯《かんたい》で，夏の間だけこけ類が生える気候を何というか。

□ 2 寒帯で，1年中氷と雪におおわれる気候を何というか。

□ 3 針葉樹《しんようじゅ》の森が広がり，夏と冬の気温差が大きい気候帯を何というか。

□ 4 右の図のAの寒さがきびしい地域を何というか。

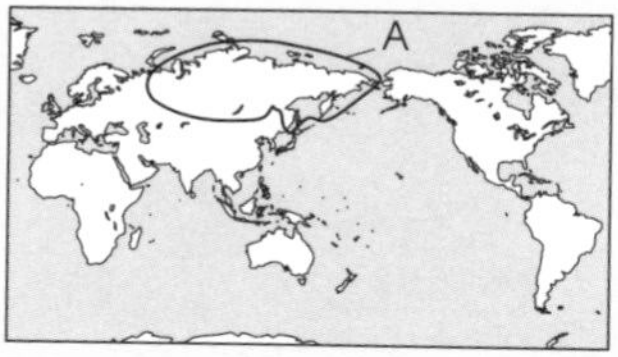

★ □ 5 4に広がる，1年を通して凍《こお》ったままの土壌《どじょう》を何というか。

標高の高い地域

□ 6 アンデス山脈の標高4000mを超《こ》える地域で，リャマとともに飼育されている家畜《かちく》を何というか。

★ □ 7 牧畜のうち，草原などで家畜を放し飼いにすることを何というか。

□ 8 アンデス山脈の高地に住む人々が多く食べているものは，次のうちどれか。
〔米　　じゃがいも　　パン〕

解答

1 ツンドラ気候

2 氷雪《ひょうせつ》気候

3 冷帯《れいたい》［亜《あ》寒帯］

4 シベリア
気温が－30℃以下になる日もある。この地域の針葉樹林を，タイガという。

5 永久凍土《えいきゅうとうど》
短い夏の間だけ，地表付近がとける。

6 アルパカ
毛は衣服の材料になる。

7 放牧

8 じゃがいも

ぷちトク！ 住居の特徴《とくちょう》

① 永久凍土の地域
高床《たかゆか》の建物→暖房《だんぼう》の熱で地面がとけて建物が傾《かたむ》くのを防ぐため。

② 標高が高い地域
日干しれんがの家
→木材を得にくいため。

社会 理科 数学 英語 国語

地理

9 世界の衣食住と宗教

重要度

世界の衣食住

解答

□ **1** 日本や中国南部など，おもに雨の多い地域で栽《さい》培《ばい》され，炊《た》いたり蒸《む》したりして食べられている作物を何というか。

1 米
東アジアから南アジアにかけて多く栽培されている。

□ **2** 比較《ひかく》的雨の少ない地域で栽培され，おもにパンや麺《めん》などに加工して食べられている作物を何というか。

2 小麦
粉にして利用する。

□ **3** 暑い地域では，風通しのよい麻《あさ》や(　　　)などでつくった，ゆったりした衣服を身につけている。

3 木綿《もめん》

世界の宗教

★□ **4** 右の図のA～Dの地域でおもに信《しん》仰《こう》されている宗教は，右のうち，それぞれどれか。

宗教のおもな分布

［ イスラム教　キリスト教
ヒンドゥー教　仏教《ぶっきょう》 ］

4 A キリスト教
世界で信仰する人がもっとも多い。
B イスラム教
C ヒンドゥー教
D 仏教

★□ **5** キリスト教を信仰している人々が祈《いの》りをささげるため，日曜日に行く施設《しせつ》を何というか。

5 教会

□ **6** イスラム教を信仰している人々が，食べることを禁じられている動物は何か。

6 豚《ぶた》
アルコールも禁止。

□ **7** ヒンドゥー教を信仰している人々が，神聖な生きものとして大切にしている動物は何か。

7 牛

ぷちトク! おもな宗教のちがい

① キリスト教の教典《きょうてん》は『聖書《せいしょ》』。
② イスラム教の教典は『コーラン』。聖地メッカへ祈りをささげる。
③ 仏教の経典は『経《きょう》』。　④ヒンドゥー教を信仰している人々は牛肉を食べない。

地理

10 アジア州の自然と気候

重要度

アジア州の自然

☆ □ **1** 右の図のAの山脈を何というか。

□ **2** 右の図のB，Cの川は，次のうちそれぞれどれか。

〔黄河《こうが》《ホワンホー》　長江《ちょうこう》《チャンチアン》　ガンジス川　インダス川〕

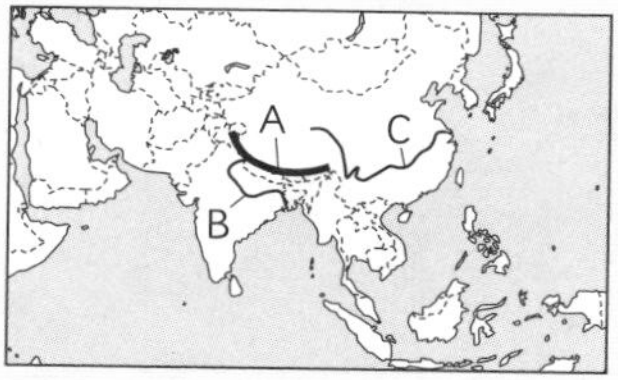

アジア州の気候と人口

□ **3** アラビア半島の大部分をしめる気候帯を何というか。

□ **4** 右の雨温図は，マレーシアのクアラルンプールを示している。この気候帯を何というか。

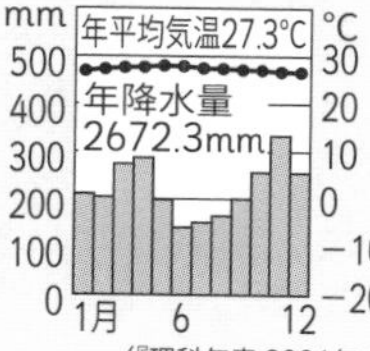

（『理科年表 2021年』）

☆ □ **5** 季節によって，ふく向きが変わる風を何というか。

□ **6** **5**の影響《えいきょう》により，しめった風がふいて降水量が多い時期を（ a ）といい，乾燥した風がふいて降水量が少ない時期を（ b ）という。

□ **7** 南アジアにおいて，人口がとくに多い国はどこか。

解答

1 ヒマラヤ山脈
「世界の屋根」とよばれることもある。

2 B ガンジス川
C 長江

3 乾燥帯《かんそうたい》
西アジアに多い気候帯。

4 熱帯《ねったい》
アジア州には5つの気候帯（熱帯・乾燥帯・温帯《おんたい》・冷帯《れいたい》［亜寒帯《あかんたい》］・寒帯）と高山気候が見られる。

5 季節風［モンスーン］

6 a 雨季《うき》
b 乾季《かんき》

7 インド

ぷちトク！ アジアにある河川の注意点

① 中国→華北《かほく》を流れるのが黄河，華中を流れるのが長江。

② インド半島→西側に流れ出るのがインダス川，
東側に流れ出るのがガンジス川。

地理

11 アジア州の農業と宗教

重要度

アジア州の農業

□ **1** 右の図のA～Cの地域でさかんな農業は，次のうちそれぞれどれか。

〔 畑作　稲作《いなさく》　遊牧 〕

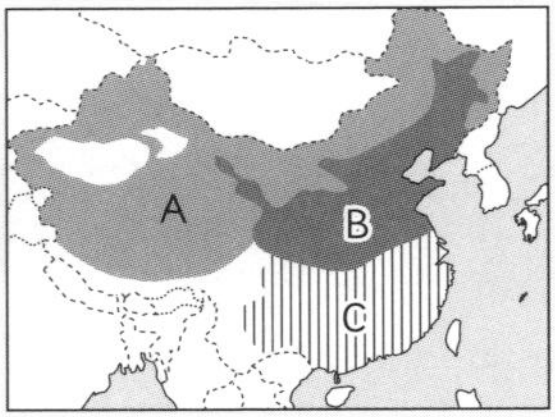

□ **2** インドネシアなどの沿岸部でマングローブを伐《ばっ》採《さい》して，養殖《ようしょく》されているものは何か。

□ **3** マレーシアなどで多く栽培《さいばい》されている，パーム油の原料になる農産物は何か。

アジア州の宗教

□ **4** インドで誕生し，シルクロードを通って中国などの東アジアに広まった宗教を何というか。

□ **5** 西アジアや中央アジアで広く信仰《しんこう》されている宗教を何というか。

□ **6** インドの多くの人々が信仰している宗教を何というか。

□ **7** インドネシアとタイの宗教別の人口割合を示した，右の図のA，Bにあてはまる宗教は，それぞれ何か。

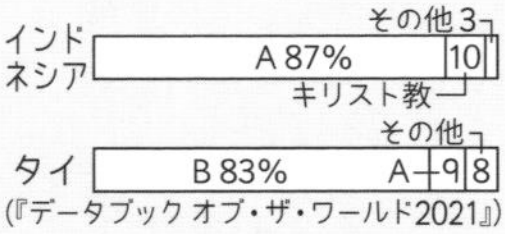

(『データブック オブ・ザ・ワールド2021』)

解答

1 A 遊牧
オアシス以外では農業が難しい地域で行われている。
B 畑作
C 稲作
降水量が多い地域で行われている。

2 えび

3 あぶらやし

4 仏教《ぶっきょう》

5 イスラム教
アラビア半島でうまれた。

6 ヒンドゥー教

7 A イスラム教
B 仏教

ぷちトク！ 中国の農業とアジア州の宗教

(農業) 降水量の少ない北部で畑作，多い南部で稲作，乾燥《かんそう》した内陸部で遊牧がさかん。

(宗教) 西アジアと中央アジアではイスラム教，フィリピンではキリスト教を多く信仰。

地理

12 東アジア

重要度

中国の産業と社会

解答

★ □ **1** 中国で行われていた，一組の夫婦につき子どもを1人までとする政策を何というか。

1 一人っ子政策
人口増加の抑制《よくせい》のため。

★ □ **2** 中国が工業化を進めるために設けた，右の図の●の5つの地区を合わせて何というか。

2 経済特区《けいざいとっく》
外国企業《きぎょう》の技術や資本を受け入れるため，税金を優遇《ゆうぐう》するなどの特別な制度がある。

□ **3** 中国で生産された衣類や家電製品が，世界中で使われるようになったことから，中国は何とよばれるようになったか。

3 世界の工場

★ □ **4** 経済発展によって中国では，沿海部と内陸部の貧富の差である(　　　)がうまれている。

4 経済格差
都市と農村の差も大きい。

□ **5** 中国で深刻化している，排気《はいき》ガスなどによって空気が汚《よご》れる公害を何というか。

5 大気汚染《おせん》

韓国の文化

□ **6** 韓国語《かんこくご》で使われている独自の文字を何というか。

6 ハングル［訓民正音《くんみんせいおん》］

□ **7** 韓国の人々に影響《えいきょう》をあたえている，祖先や年長者を大切にする考えを何というか。

7 儒教《じゅきょう》

□ **8** 韓国の首都で，人口が集中している都市はどこか。

8 ソウル

ぷちトク! 中国の一人っ子政策が見直されたワケ

① 1980年ごろから実施《じっし》された。←人口の増加を抑制するため。
② 2015年に廃止《はいし》された。←少子高齢化《こうれいか》が急速に進んだため。

地理

13 東南アジアと南アジア

重要度

東南アジア

解答

□ **1** 中国系の人々のうち，移住先の国籍《こくせき》を取得した人々を何というか。

1 華人《かじん》
東南アジアの国々に多い。

□ **2** 同じ土地で，1年に2回同じ作物を栽培《さいばい》することを何というか。

2 二期作《にきさく》

★ □ **3** おもに熱帯《ねったい》の地域で見られる，輸出用に特定の商品作物を栽培する大規模農園を何というか。

3 プランテーション
天然ゴムなどを栽培。

★ □ **4** 1967年に結成され，東南アジアのほとんどの国が加盟している，地域協力のための組織を何というか。

4 東南アジア諸国連合
［ASEAN《アセアン》］

□ **5** 都市部で貧しい人たちが密集して暮らす，生活環境《かんきょう》の悪い地域を何というか。

5 スラム

南アジア

□ **6** 南アジアのおもな農業分布を示した，右の図のA～Cで栽培がさかんな作物は，米，小麦，茶のうち，それぞれどれか。

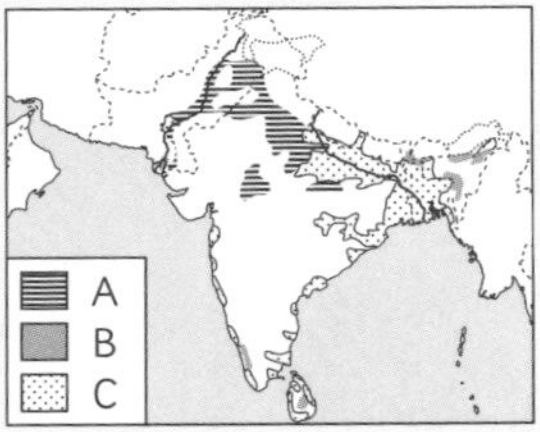

6 A 小麦
インダス川の流域でさかん。
B 茶
C 米
ガンジス川の下流域でさかん。

★ □ **7** 近年インドで急速に成長している，パソコンやインターネットなどの，情報や通信に関連する技術を用いた産業を何というか。

7 情報通信技術産業
［ICT産業］

ぷちトク！ 南アジアの成長産業

（インド） アメリカ合衆国《がっしゅうこく》などからの仕事を請《う》け負う。
←時差《じさ》の利用。アメリカ合衆国が夜のとき，インドは昼。

（バングラデシュ） 衣類の輸出が増加。←労働力が安い。中国からの工場移転。

地理

14 西アジアと中央アジア

重要度

西アジア

★ □ **1** イランやアラビア半島に面する，石油が多く産出される湾《わん》を何というか。

□ **2** 石油や天然ガスなどを，遠くへ運ぶために設置した輸送管を何というか。

□ **3** 石油の生産量の割合を示した，右の図のXにあてはまる国は，次のうちどれか。

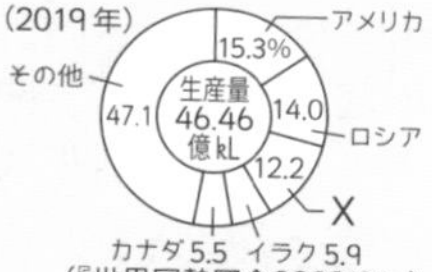

(『世界国勢図会2020/21』)

〔イラン　　カタール　　サウジアラビア〕

★ □ **4** 西アジアなどの産油国が加盟している，原油価格や生産量などを管理する組織を何というか。

□ **5** 高層ビルが建ち並ぶドバイが最大の都市である国はどこか。

中央アジア・西アジアの政治不安

□ **6** 紛争《ふんそう》や不安定な政情などによって，自国にいると迫害《はくがい》を受けたり，迫害を受ける恐《おそ》れがあったりするため，国外や他の地域へ逃《のが》れた人々を何というか。

□ **7** 内戦《ないせん》によって，**6**が多く発生している国は，次のうちどれか。

〔クウェート　　イラン　　シリア〕

解答

1 ペルシャ湾
[ペルシア湾]

2 パイプライン
大量輸送が可能。

3 サウジアラビア
日本の原油のおもな輸入先。

4 石油輸出国機構
[OPEC《オペック》]
1960年に結成された。

5 アラブ首長国連邦《しゅちょうこくれんぽう》
首都はアブダビ。

6 難民

7 シリア

ぷちトク！ 産油国の経済発展のしくみ

① 石油や石油製品の輸出による利益。
→産業の発展，交通・通信網《もう》の整備，教育などへ支出。

② 労働者不足→インドやパキスタンなど南アジアの国々から外国人労働者が出稼《でかせ》ぎ。

地理

15 ヨーロッパ州の自然と民族

重要度

ヨーロッパ州の自然と気候

★ □ 1 スイスやイタリアなどにまたがる山脈を何というか。

□ 2 ライン川のように，複数の国の領域《りょういき》や国境を流れ，船が自由に航行できるように沿岸国間で条約を結んだ川を何というか。

□ 3 スカンディナビア半島に見られる，氷河《ひょうが》によって削《けず》られた谷に海水が深く入りこんだ地形を何というか。

★ □ 4 ヨーロッパ州の大部分は，大西洋《たいせいよう》を北上する暖《だん》流《りゅう》の（ a ）と，その上空をふく（ b ）の影響《えいきょう》を受けて比較的《ひかくてき》温暖である。

□ 5 高緯度《こういど》の地域で夏に見られる，太陽が沈《しず》んでも暗くならない現象を何というか。

ヨーロッパ州の民族と宗教

□ 6 右の図のA～Cで話されている言語は，それぞれどの系統か。

ヨーロッパのおもな言語

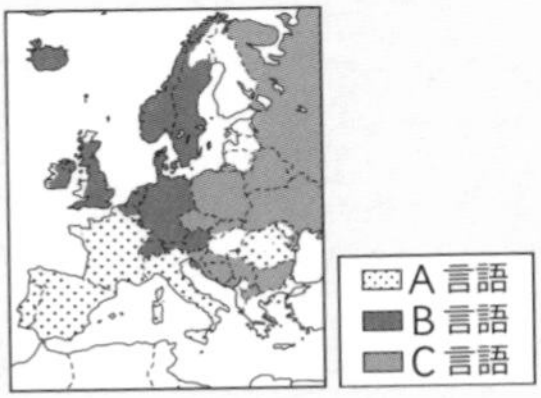

★ □ 7 イタリアなどでおもに信仰《しんこう》されているキリスト教の宗派は，次のうちどれか。
〔プロテスタント　カトリック　正教会《せいきょうかい》〕

解答

1 アルプス山脈

2 国際河川《かせん》
ライン川は水運に適した，ゆるやかな流れの川。

3 フィヨルド

4 a 北大西洋海流《きたたいせいようかいりゅう》
b 偏西風《へんせいふう》
西から東に向かってふく風。

5 白夜《びゃくや》

6 A ラテン系
B ゲルマン系
C スラブ系

7 カトリック
総本山のバチカン市国《しこく》は，イタリアの首都の中にある。

ぷちトク！ ヨーロッパ州の気候

① 大西洋や北海に面した地域→西岸海洋性気候《せいがんかいようせいきこう》。冬の寒さはきびしくない。

② 地中海に面した地域→地中海性気候《ちちゅうかいせいきこう》。夏は雨が少なく，乾燥《かんそう》する。

地理

16 EUの特色と課題

重要度

EUの特色

解答

□ **1** EUの正式名称《めいしょう》を何というか。

1 ヨーロッパ連合

★□ **2** EU加盟国の多くが導入している共通通貨を何というか。

2 ユーロ
導入していない国もある。

★□ **3** 右の図は，EU，アメリカ合衆国《がっしゅうこく》，日本を比較《ひかく》したものである。EUにあてはまるのは，ア～ウのうちどれか。

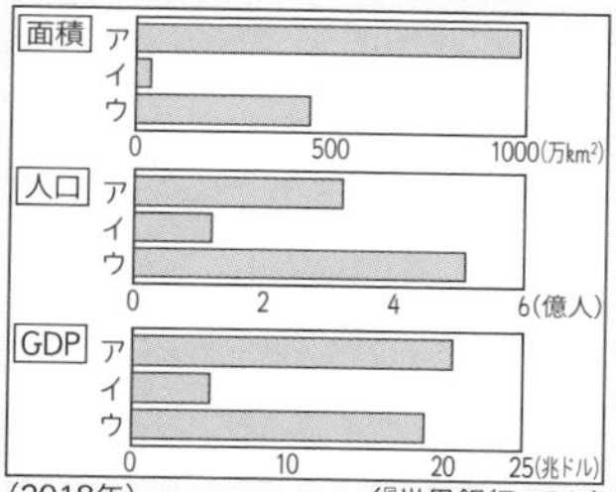

(2018年) (『世界銀行』ほか)
※イギリスをふくめている。

3 ウ
EUはアメリカ合衆国などの規模の大きな国と対抗《たいこう》するために結びついた。

□ **4** 通常の国境では出入国のための審査《しんさ》で提示が必要だが，多くのEU加盟国間の国境では提示が不要なものは何か。

4 パスポート

□ **5** 貿易品にかかる税金を何というか。

5 関税
EU加盟国間ではかからない。

EUの課題

□ **6** EU加盟国内では，賃金の低い（ a ）ヨーロッパから，賃金の高い（ b ）ヨーロッパへ移り住む外国人労働者が増加している。

6 a 東
b 西

★□ **7** EU域内の国々で拡大している，経済が発展している国と経済が発展していない国との差を何というか。

7 経済格差
平均年収は最大で6倍近い。

ぷちトク！ イギリスがEUを離脱《りだつ》したワケ

① 格差解消の目的として，所得の低い加盟国に補助金を支給するのが負担だったから。
② アジアやアフリカなどから流入した，移民や難民を支援《しえん》するのが負担だったから。

地理

17 ヨーロッパ州の産業

重要度

ヨーロッパ州の工業

★ □ **1** 18世紀半ば以降に，世界で初めて産業革命が起こり，工業を発展させたヨーロッパの国はどこか。

□ **2** ミュンヘンやルール工業地域がある国は，右の図のア～エのうちどこか。

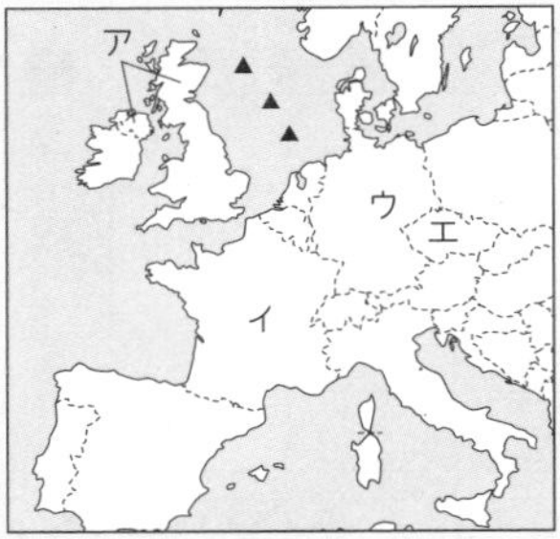

□ **3** **2**の国の名称《めいしょう》を何というか。

□ **4** 上の図の▲で産出される鉱産資源は，次のうちどれか。
〔石油　メタン　レアメタル〕

新たな産業

★ □ **5** コンピューターやファインセラミックスなどの高度な知識と技術にもとづく新しい産業は何か。

□ **6** ヨーロッパの複数の国が共同で企業《きぎょう》を設立し，アメリカ合衆国《がっしゅうこく》の企業と世界を二分するシェアを誇《ほこ》る輸送機械は何か。

□ **7** **6**の製造など，複数の国で得意なものの生産を分担し，輸出しあうことを何というか。

解答

1 イギリス
2020年にEUを離脱《りだつ》した。

2 ウ
有名な自動車メーカーが複数ある国。

3 ドイツ

4 石油

5 先端《せんたん》技術［ハイテク］産業

6 航空機

7 (国際)分業《ぶんぎょう》

ぷちトク！ 工業の中心地は内陸部から臨海部へ

1950年代まで　地域で産出される鉄鉱石や石炭などの資源を生かした重工業。
→内陸部で発達。

1960年代以降　エネルギー革命で石油化学工業が発展。→輸入に便利な臨海部に立地。

地理

18 アフリカ州の自然と歴史

重要度

アフリカ州の自然

解答

★ □ **1** 右の図のAの世界最大の砂漠《さばく》，Bの世界最長の川，Cの湾《わん》をそれぞれ何というか。

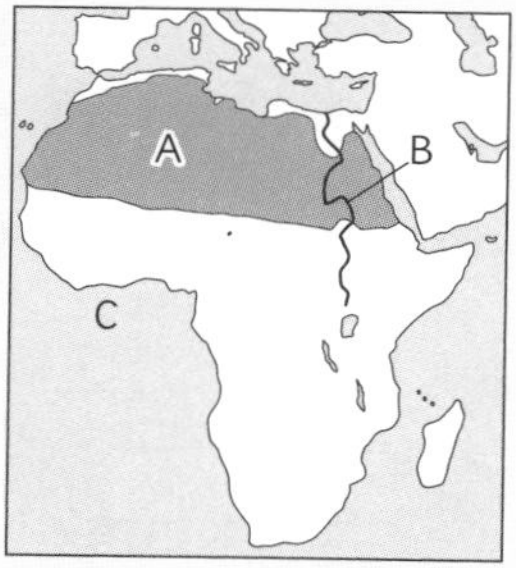

1 A サハラ砂漠
B ナイル川
C ギニア湾
湾岸に熱帯雨林《ねったいうりん》が広がる。

□ **2** 右の図のAの砂漠の南の縁《ふち》に沿った地域を何というか。

2 サヘル

□ **3** **2**の地域で進行している，植物が育たないやせた土地になってしまうことを何というか。

3 砂漠化
干《かん》ばつや家畜《かちく》の増加などが原因。

□ **4** アフリカ大陸の中央部，赤道《せきどう》付近に広がる盆地《ぼんち》を何というか。

4 コンゴ盆地

□ **5** 熱帯《ねったい》の雨季《うき》と乾季《かんき》が分かれている地域に広がっている，低い草木がまばらに生える草原を何というか。

5 サバナ
熱帯雨林の北側や南側の地域に見られる。

アフリカ州の歴史

□ **6** かつて，ヨーロッパ人によって，アメリカ大陸に連れて行かれ，農場や鉱山で働かされた人々を何というか。

6 奴隷《どれい》
これにより，当時のアフリカの人口は減少した。

★ □ **7** 19世紀から20世紀にかけて，アフリカの大部分の国々はヨーロッパ諸国の(　　)として分割《ぶんかつ》された。

7 植民地《しょくみんち》
1960年代に多くの国が独立した。

ぷちトク! アフリカ州の言語と宗教

北アフリカ　おもにアラビア語が話され，多くの人がイスラム教を信仰《しんこう》している。

サハラ砂漠より南の地域　植民地時代の英語やフランス語などが共通の言語として話され，人々は伝統的な宗教やキリスト教を信仰している。

地理

19 アフリカ州の産業と課題

重要度

アフリカ州の産業

解答

★ □ **1** 近年注目されている，スマートフォンの液晶《えきしょう》や自動車の部品などに使われている希少な金属を，カタカナで何というか。

1 レアメタル
コバルトやニッケル，マンガンなど。

★ □ **2** 右の図のA～Cにあてはまる品目は，次のうちそれぞれどれか。

〔カカオ豆　石油　銅　ダイヤモンド〕

おもな国の輸出品の割合

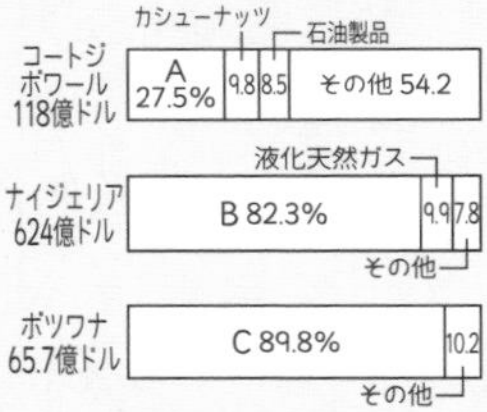

（2018年）（『世界国勢図会2020/21』）

2 A カカオ豆
B 石油
C ダイヤモンド

★ □ **3** 右の図の3か国に見られるように，特定の農産物や鉱産資源の輸出に頼《たよ》る経済を何というか。

3 モノカルチャー経済
国の収入が安定しない。

□ **4** 発展途上《とじょう》国の農産物などをより適正な価格で取り引きすることで，生産にかかわる人々の生活や自立を支える取り組みを何というか。

4 フェアトレード

アフリカ州の課題

□ **5** 内戦《ないせん》や難民など地球規模の問題に対し，さまざまな支援《しえん》を行う民間組織を何というか。

5 非政府組織［NGO］

□ **6** アフリカの国や地域が，政治・経済・社会的な統合や安全保障をめざして，2002年に結成した国際機関を何というか。

6 アフリカ連合［AU］

ぷちトク！ アフリカ州の国々のおもな鉱産資源

- 石油→ナイジェリアなど北アフリカの国々。
- 銅→ザンビアなど。
- 金→南アフリカ共和国など。
- ダイヤモンド→ボツワナやコンゴ民主共和国など。

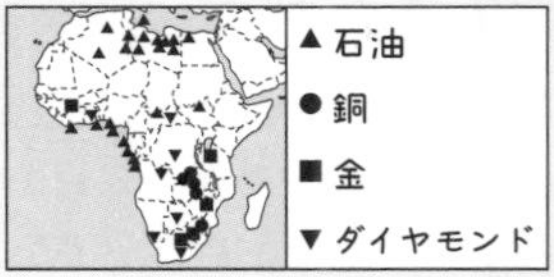

地理

20 北アメリカ州の自然と歴史

重要度

北アメリカ州の自然と気候

□ **1** 右の図のAの山脈，Bの川，Cの湖をそれぞれ何というか。

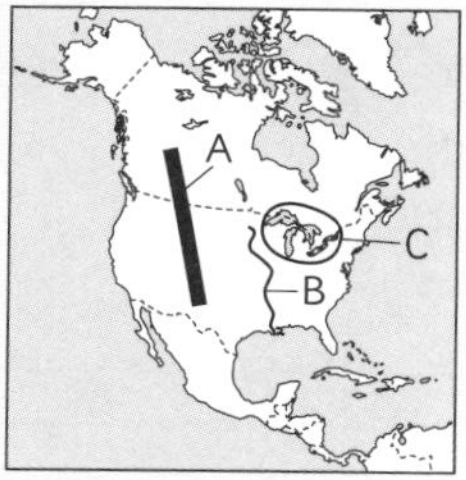

□ **2** 右の図のAの山脈の東に広がる高原状《こうげんじょう》の大平原を何というか。

★ □ **3** メキシコ湾《わん》に面した地域をしばしばおそう熱帯《ねったい》低気圧を何というか。

□ **4** サンフランシスコが位置するカリフォルニア州の気候は温帯《おんたい》のうち何か。

北アメリカ州の歴史

□ **5** 17世紀に移民が来る前から北アメリカ州に住んでいた先住民を何というか。

□ **6** 17世紀以降に(　　　　)州から来た移民が**5**の土地をうばって開拓《かいたく》を進めた。

★ □ **7** 近年，アメリカ合衆国《がっしゅうこく》で増加している，メキシコや西インド諸島《しょとう》などから移り住んだスペイン語を話す人々を何というか。

□ **8** カナダの公用語は，英語とあともう1つは何という言語か。

解答

1 A ロッキー山脈
B ミシシッピ川
C 五大湖《ごだいこ》
C周辺は冷帯《れいたい》(亜寒帯《あかんたい》)。

2 グレートプレーンズ

3 ハリケーン
大災害《だいさいがい》をもたらす場合もある。

4 地中海性《ちちゅうかいせい》気候
ローマなどと同じ気候。

5 ネイティブアメリカン

6 ヨーロッパ

7 ヒスパニック
安い賃金で，工場や農場などで働くことが多い。

8 フランス語

ぷちトク! アメリカ合衆国の地形・気候

① ロッキー山脈東麓《とうろく》にグレートプレーンズ，中央部にプレーリー。ミシシッピ川の流域には中央平原が広がっている。

② 北アメリカ大陸の東側は雨が多く，西側は雨が少ない気候である。

地理

21 アメリカ合衆国の農業

重要度

アメリカ合衆国の農業の特色

解答

☐ **1** 右の図のA～Dで生産または行われているのは，次のうちそれぞれどれか。

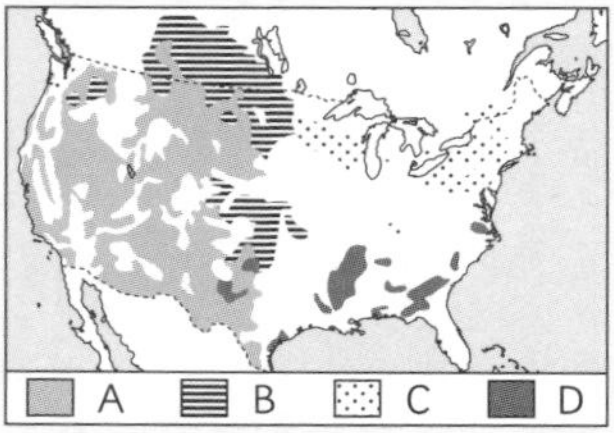

〔酪農《らくのう》　とうもろこし　放牧　小麦　綿花〕

1 A 放牧
B 小麦
C 酪農
D 綿花
アメリカ合衆国《がっしゅうこく》は農産物の輸出がさかんである。

☐ **2** アメリカ合衆国で行われている，その地域の気候や土壌《どじょう》などに適した農作物を栽培《さいばい》する農業を何というか。

2 適地適作《てきちてきさく》

☐ **3** 出荷《しゅっか》前の肉牛に，栄養価の高いえさをあたえて肥育《ひいく》させる施設《しせつ》を何というか。

3 フィードロット

☐ **4** 効率的に生産するため，スプリンクラーで散水を行う大規模な(　　　)農業が見られる。

4 かんがい
センターピボット方式が有名。

アメリカ合衆国の農業に関するビジネス

☐ **5** 世界の多くの国が農作物を輸入していることから，アメリカ合衆国は何とよばれているか。

5 世界の食料庫

☐ **6** アメリカ合衆国の農業は，以前は家族的な経営だったが，現在は労働者を雇《やと》うなど(　　　)的な農業経営が多くなっている。

6 企業《きぎょう》
機械などを利用し，生産性を上げている。

☐ **7** おもに穀物をあつかっている巨大企業のうち，国際的な流通や穀物価格に大きな影響《えいきょう》をあたえている商社を何というか。

7 穀物メジャー

ぷちトク！ 西経100度で分かれている農業の特徴《とくちょう》

西経100度の西側　雨の少ない乾燥《かんそう》地域で放牧がさかん。

西経100度の東側　雨の多い湿潤《しつじゅん》地域で畑作がさかん。五大湖《ごだいこ》周辺で酪農がさかん。

22 アメリカ合衆国の工業

重要度

20世紀前半までのアメリカ合衆国の工業

解答

□ **1** 右の図はある鉱産資源の分布を示している。•で示した鉱産資源は，次のうちどれか。
〔石油　鉄鉱石　銅鉱石〕

1 石油

□ **2** 上の図の①デトロイト，②ピッツバーグで栄えた工業は，次のうちそれぞれどれか。
〔航空機　鉄鋼　せんい　自動車〕

2 ① 自動車
② 鉄鋼
五大湖《ごだいこ》周辺で発達した。

□ **3** 20世紀に自動車工業でうみ出された，流れ作業で多くの製品を生産する方式を何というか。

3 大量生産方式
世界中で普及《ふきゅう》した。

20世紀後半以降のアメリカ合衆国の工業

★□ **4** コンピューターなどの先端技術《せんたんぎじゅつ》に関連する産業が発達した，北緯《ほくい》37度より南の地域を何というか。

4 サンベルト

□ **5** **4**の地域やシアトルで発達した，太陽探査機などの開発を行っている産業を何というか。

5 航空宇宙産業

★□ **6** サンフランシスコ郊外《こうがい》にある，大学や研究機関，情報通信技術(ICT)関連企業《きぎょう》が集中している地域を何というか。

6 シリコンバレー
電子部品であるIC(集積回路)などにちなむ。

□ **7** 世界各国に工場や販売拠点《はんばいきょてん》を多くもっている企業を何というか。

7 多国籍《たこくせき》企業

ぷちトク! サンベルトに工場進出が進んだワケ

① 労働力が豊富で，賃金水準が低いため。
② 広い工場用地が安く手に入るため。

地理

23 南アメリカ州の自然と歴史

重要度

南アメリカ州の自然

☆ □ **1** 右の図のAの山脈，Bの川，Cの高地をそれぞれ何というか。

□ **2** 右の図の　　に広がる熱帯雨林《ねったいうりん》を何というか。

☆ □ **3** 右の図のア～エのうち，赤道《せきどう》はどれか。

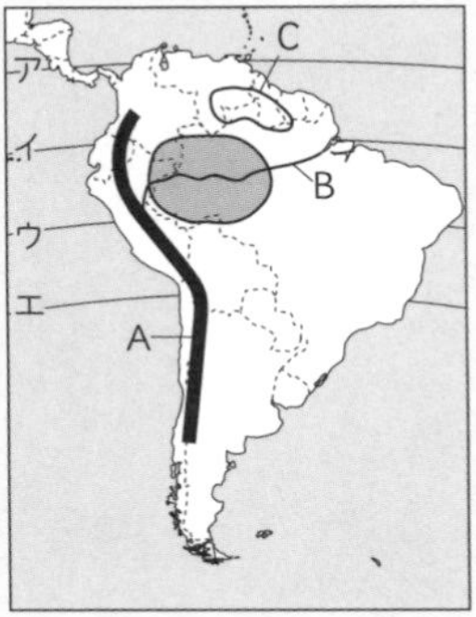

解答

1 A アンデス山脈
B アマゾン川
世界で2番目に長い。
C ギアナ高地

2 セルバ

3 イ
赤道はエクアドルやコロンビアを通る。

南アメリカ州の歴史

□ **4** 16世紀以降，南アメリカの文明をヨーロッパ諸国がほろぼし，(　　　)として支配した。

□ **5** 南アメリカの先住民と白人との間にうまれた混血の人々は何とよばれるか。

☆ □ **6** 森林などを焼き払《はら》った灰を肥料にして作物を栽《さい》培《ばい》する農業を何というか。

□ **7** ブラジルの公用語は次のうちどれか。
〔フランス語　スペイン語　ポルトガル語〕

□ **8** 南アメリカで多くの国が公用語にしているのは次のうちどれか。
〔フランス語　スペイン語　ポルトガル語〕

□ **9** 南アメリカの多くの国は，ヨーロッパ諸国の**4**であった影響《えいきょう》で(　　　)教を信仰《しんこう》する人が多い。

4 植民地

5 メスチーソ［メスチソ］

6 焼畑《やきはた》農業
数年で別の場所に移動する。

7 ポルトガル語

8 スペイン語

9 キリスト

ぷちトク! 南アメリカ州の自然

① アマゾン川流域→熱帯林(熱帯雨林)が広がり，多くの動植物が生息する。

② ラプラタ川流域→パンパとよばれる大草原が広がり，小麦の栽培や放牧がさかん。

地理

24 南アメリカ州の産業と環境

重要度

南アメリカ州の産業

解答

□ **1** エクアドルやコロンビアなどでは，(　　　)とよばれる大農園で，輸出用のバナナの栽培《さいばい》が行われている。

1 プランテーション
多国籍企業《たこくせききぎょう》が経営。

□ **2** ブラジルの輸出品の割合を示した，右の図のA，Bにあてはまる品目は，次のうちそれぞれどれか。
〔大豆　　石炭　　コーヒー豆〕

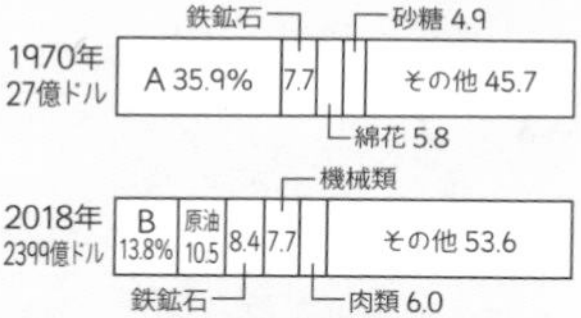

(『世界国勢図会2020/21』ほか)

2 A コーヒー豆
B 大豆
大規模な企業的農業により，生産が増加した。

★ □ **3** かつてのブラジルで見られたような，特定の農産物や鉱産資源の輸出に頼《たよ》った経済を何というか。

3 モノカルチャー経済

□ **4** 右の図の(　　　)にあてはまる品目は，次のうちどれか。
〔石炭　銅鉱石
石油　マンガン〕

日本の(　　　)の輸入相手国

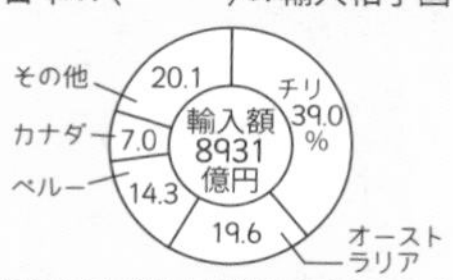

(2019年)(『日本国勢図会2020/21』)

4 銅鉱石
チリでは，露天掘《ろてんぼ》りが行われている。

南アメリカ州の環境

★ □ **5** ブラジルで普及《ふきゅう》している，おもに植物を原料としてつくられる燃料を何というか。

5 バイオ燃料
[バイオエタノール]

□ **6** ブラジルで，**5**の原料として栽培がさかんな作物は，次のうちどれか。
〔小麦　　オリーブ　　さとうきび〕

6 さとうきび

ぷちトク！ 南アメリカ州でおさえておきたい資源

① ブラジルで鉄鉱石，チリで銅鉱石，ペルーで銀鉱石。
② ベネズエラやエクアドルは，石油。

地理

25 オセアニア州の自然と歴史・文化

重要度

オセアニア州の自然・気候

★ □ **1** 右の図のA～Cにあてはまる地域は，次のうちそれぞれどれか。

［ポリネシア　ミクロネシア　メラネシア］

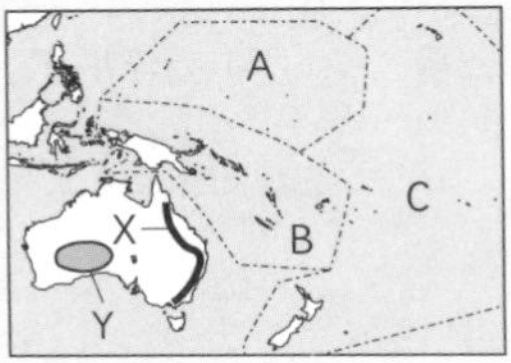

□ **2** 上の図のA～Cの多くの島は，火山活動によってできた島や，(　　　)に取り囲まれた島である。

□ **3** 上の図のXの山脈を何というか。

□ **4** 上の図のYの砂漠《さばく》を何というか。

□ **5** ニュージーランドが属する気候帯を何というか。

オセアニア州の歴史・文化

★ □ **6** オーストラリアの先住民を何というか。

□ **7** ニュージーランドの先住民を何というか。

□ **8** オーストラリアでかつて行われていた，白人以外の移民の入国をきびしく制限した政策を何というか。

□ **9** オーストラリアの社会は，多くの民族が共存し，それぞれの文化を尊重し合う(　　　)へと大きく変化した。

解答

1 A ミクロネシア
「小さい島々」の意味。
B メラネシア
「黒い島々」の意味。
C ポリネシア
「多くの島々」の意味。

2 さんご礁《しょう》［サンゴ礁］

3 グレートディバイディング山脈

4 グレートビクトリア砂漠

5 温帯《おんたい》

6 アボリジニ

7 マオリ

8 白豪主義《はくごうしゅぎ》
1970年代に撤廃《てっぱい》された。

9 多文化《たぶんか》社会

ぷちトク！ オセアニア州の自然と先住民

① オセアニア州の多くの島は，火山島とさんご礁の島からなる。

② オーストラリアの先住民はアボリジニ，ニュージーランドの先住民はマオリ。

地理

26 オセアニア州の産業

重要度

オーストラリアの農業・鉱業

1 右の図のA，Bにあてはまる鉱産資源は，次のうちそれぞれどれか。

〔鉄鉱石　金
石炭　ウラン〕

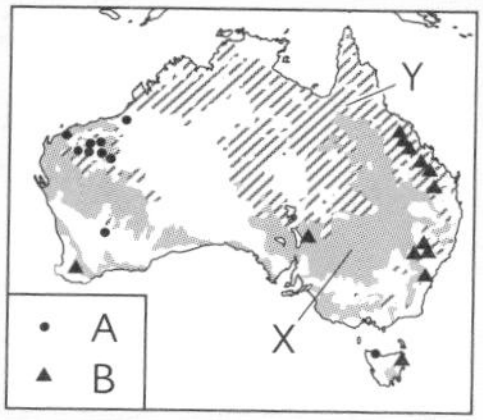

2 右の図のXの地域では，牧草がよく育つため，おもに(　　　)が飼育されている。

3 上の図のYの地域では，地下水などを利用して(　　　)の飼育が行われている。

オセアニア州の貿易

4 右の図のA～Cにあてはまる国は，次のうち，それぞれどれか。

〔日本　中国
イギリス〕

オーストラリアの貿易相手国の割合

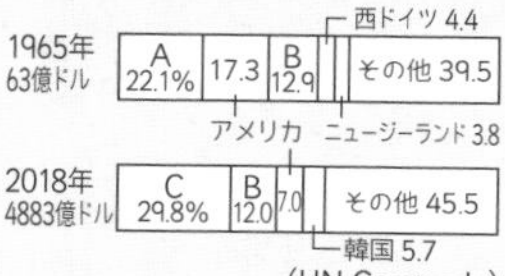

(UN Comtrade)

5 オセアニア州の国をはじめ日本やアメリカ合衆《がっしゅう》国《こく》などが参加する，アジア太平洋《たいへいよう》経済協力をアルファベットで何というか。

6 太平洋の島々で，近年発展している産業は次のうちどれか。

〔農業　工業　観光業〕

解答

1 A 鉄鉱石
B 石炭

2 羊

3 牛
「オージー・ビーフ」として知られる。

4 A イギリス
植民地支配していた国。
B 日本
C 中国
アジアの国々とはヨーロッパの国々よりも距離《きょり》が近い。

5 APEC《エイペック》

6 観光業

ぷちトク！ オーストラリアの産業分布

農牧業 南西部・南東部では羊と小麦の栽培《さいばい》を組み合わせた農業，北東部では牛の飼育。

鉱業 北西部で鉄鉱石，東部で石炭の産出が多い。→露天掘《ろてんぼ》りで採掘《さいくつ》されている。

ぷちまとめ まとめて確認したい地域の特徴

アジアの地形と産業

大部分が砂漠《さばく》に
おおわれている半島
（ アラビア半島 ）

8000m級の山々が連なる山脈
（ ヒマラヤ山脈 ）

流域で畑作がさかんな川
（ 黄河《こうが》《ホワンホー》 ）

流域で稲作《いなさく》が
さかんな川
（ 長江《ちょうこう》《チャンチアン》 ）

植民地時代に開かれた
大農園
（ プランテーション ）

インドの南半分をしめ，
畑作がさかんな高原
（ デカン高原 ）

沿岸に原油産出国が多い湾《わん》
（ ペルシャ湾［ペルシア湾］ ）

アフリカの地形と国

世界最大の砂漠
（ サハラ砂漠 ）

世界最長の川
（ ナイル川 ）

原油の
産出が多い国
（ ナイジェリア ）

カカオ豆の
栽培《さいばい》がさかんな国
（ コートジボワール ）

南北アメリカの産業

ICT関連の企業《きぎょう》が
集中する地域
（ シリコンバレー ）

北緯《ほくい》37度以南の
先端《せんたん》技術産業が発達
した地域
（ サンベルト ）

森林を焼き払《はら》って
作物を栽培する農業
（ 焼畑《やきはた》農業 ）

この国で，
さとうきびなどを原料
に生産される燃料
（ バイオ燃料［バイオエタノール］ ）

27 時代の区分，人類の出現

重要度

時代の区分

解答

□ 1 2021年は何世紀《せいき》か。

1 21世紀

□ 2 紀元前150年は何世紀か。

2 紀元前2世紀

□ 3 18世紀は（ a ）年から（ b ）年までである。

3 a 1701
b 1800

□ 4 時代を表すのに使う，明治《めいじ》や大正《たいしょう》といった名称《めいしょう》を何というか。

4 元号《げんごう》［年号］

□ 5 大正の次の4は何か。

5 昭和《しょうわ》

人類の出現

★ □ 6 今から約700万年～600万年前にアフリカに現れた，もっとも古いと考えられている人類を何というか。

6 猿人《えんじん》
後ろ足で立って歩き，道具を使用した。

□ 7 6の人類について，今から約200万年前に現れた人類を何というか。

7 原人
火やことばを使用した。

□ 8 今から約20万年前にアフリカに現れた，現在の人類の直接の祖先を何というか。

8 新人《しんじん》
［ホモ・サピエンス］

★ □ 9 7が使っていた，右のような石を打ち欠いてつくった石器を何というか。

9 打製《だせい》石器
肉を切ったり，身を守るのに使ったとされる。

□ 10 人類が9をつくり，使い始めた時代を何というか。

10 旧石器《きゅうせっき》時代
約1万年前まで続いた。

★ □ 11 石の表面をみがいてつくった石器を何というか。

11 磨製《ませい》石器

ぷちトク！ 旧石器時代と新石器時代のようす

旧石器時代 打製石器を使い出す。狩《か》りや採集をしながら，移動して生活。

新石器時代 磨製石器や土器を使いだす。農耕や牧畜《ぼくちく》を行い，定住して生活。

歴史

28 古代の文明

重要度

世界各地で誕生した古代文明

解答

★ □ 1 右の図のAの地域に栄えた文明を何というか。

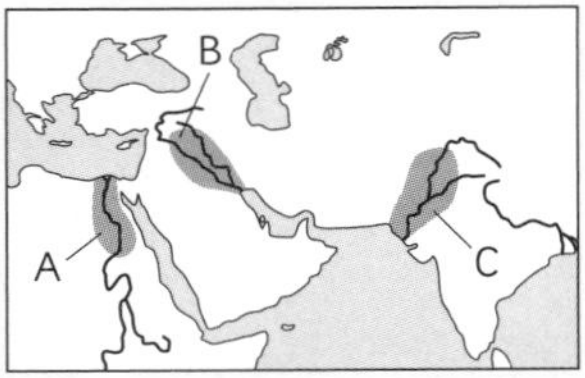

1 エジプト文明
古代文明は，いずれも大河の流域で発達した。

★ □ 2 右の図のBの地域に栄えた文明を何というか。

2 メソポタミア文明

□ 3 上の図のAの地域に流れる川を何というか。

3 ナイル川

□ 4 上の図のCの地域に流れる川を何というか。

4 インダス川

古代の文明の特色

□ 5 メソポタミア文明で発明された，右の文字を何というか。

5 くさび形文字
ハンムラビ法典などは，この文字で書かれている。

□ 6 エジプト文明で発明された文字を何というか。

6 象形《しょうけい》文字［神聖《しんせい》文字］

□ 7 エジプト文明でつくられた，1年を365日として，これを12か月に分ける暦《こよみ》を何というか。

7 太陽暦《たいようれき》

□ 8 メソポタミア文明でつくられた，月の満ち欠けを基準とした暦を何というか。

8 太陰《たいいん》暦

★ □ 9 モヘンジョ・ダロなどの都市が計画的に建設されたのは何文明か。

9 インダス文明
遺跡《いせき》には道路や水路跡《あと》がある。

ぷちトク！ 古代の文明のポイント

	エジプト文明	メソポタミア文明	インダス文明
流域	ナイル川	チグリス川・ユーフラテス川	インダス川
遺跡	ピラミッド	ジッグラト	モヘンジョ・ダロ

歴史

29 中国文明とその発展

重要度

中国文明のおこり

解答

□ 1 紀元前16世紀ごろ，黄河《こうが》《ホワンホー》の流域で誕生した国を何というか。

1 殷《いん》

☆ □ 2 1の国で使われた，漢字のもととなった文字を何というか。

2 甲骨文字《こうこつもじ》
亀《かめ》の甲《こう》や牛の骨に刻まれた。

□ 3 1の国が紀元前11世紀に周《しゅう》にほろぼされたあと，多くの国々が争う戦乱の時代になった。この時代を何というか。

3 春秋《しゅんじゅう》・戦国《せんごく》時代
農業や商業が発達した。

☆ □ 4 紀元前6世紀ごろ，儒学《じゅがく》(儒教《じゅきょう》)とよばれる，仁《じん》と礼を基本とする教えを説いたのはだれか。

4 孔子《こうし》
儒学は，のちに朝鮮《ちょうせん》や日本にも伝来した。

中国を統一した王朝

☆ □ 5 紀元前3世紀，中国を初めて統一し，「皇帝《こうてい》」と名乗ったのはだれか。

5 始皇帝《しこうてい》
文字や貨幣《かへい》を統一した。

□ 6 5が統一した国を何というか。

6 秦《しん》

□ 7 6の時代に，修築してつなげられた，右の城《じょう》壁《へき》を何というか。

7 万里《ばんり》の長城《ちょうじょう》
北方の遊牧民の侵入《しんにゅう》を防ぐために築かれた。

□ 8 6に代わって，中国を統一した国を何というか。

8 漢《かん》

□ 9 8の時代に整備された，中国と西方のローマ帝《てい》国《こく》などを結んだ交易路を何というか。

9 シルクロード
[絹《きぬ》の道]

ぷちトク! 中国でおこった王朝

	殷	秦	漢
時代	紀元前16世紀～11世紀	紀元前3世紀	紀元前3世紀～紀元3世紀
特色	甲骨文字，青銅器	始皇帝が統一，万里の長城	シルクロード(絹の道)

歴史

30 ギリシャ・ローマ文明と宗教のおこり

重要度

ギリシャ・ローマの文明

★ □ 1 紀元前8世紀ごろにギリシャ周辺でうまれた，アテネやスパルタのような都市国家を何というか。

□ 2 アテネで行われた，成人男子の市民が全員で国の方針を話し合う，民会を中心とした政治を何というか。

□ 3 紀元前6世紀，ローマで行われていた王政を廃《はい》して始まった政治を何というか。

□ 4 ローマは，紀元前30年には(　　　)を囲む地域を統一した。

宗教のおこり

★ □ 5 右の図のA～Cの地域でうまれた宗教を開いた人物は，それぞれだれか。

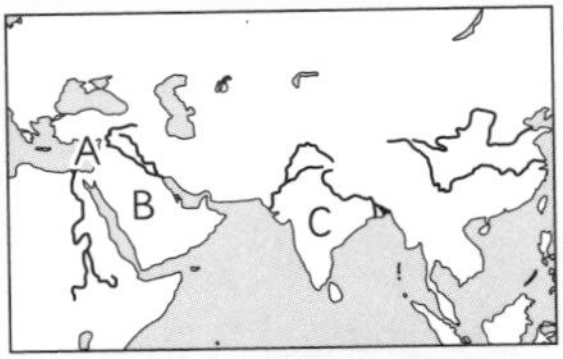

□ 6 上の図のA，Cの地域でおこった宗教を，それぞれ何というか。

□ 7 上の図のA，Bの地域で宗教を開いた人物の教えをまとめた教典《きょうてん》を，それぞれ何というか。

□ 8 上の図のBの地域でおこった宗教で，唯一神《ゆいいつしん》とされる神を何というか。

解答

1 ポリス

2 民主政
民衆の意思による政治。

3 共和政

4 地《ち》中海《ちゅうかい》
アフリカ大陸の北にある海。

5 A イエス
B ムハンマド
6世紀ごろにうまれる。
C シャカ［釈迦］
紀元前5世紀ごろにうまれる。

6 A キリスト教
C 仏教

7 A 聖書《せいしょ》［新約聖書］
B コーラン［クルアーン］

8 アラー［アッラー］

ぷちトク！ 世界の三大宗教を開いた人物

キリスト教　イエスがパレスチナ地方で開く。教えをまとめたものが『聖書(新約聖書)』。

イスラム教　ムハンマドがアラビア半島で開く。　仏教　インドでシャカ(釈迦)が開く。

31 日本の旧石器時代から弥生時代

旧石器時代と縄文時代

□ 1 最後の氷期《ひょうき》が終わって，現在の日本列島が誕生したのは約何年前か。

□ 2 右のような，縄目《なわめ》の文様がつけられていることが多い土器を何というか。

□ 3 縄文時代の人々が，食べ物の残りかすなどを捨てるために，集落近くにつくったごみ捨て場を何というか。

★ □ 4 縄文時代のころから人々が住むようになった，地面を掘《ほ》ったくぼみに柱を立てて屋根をかけた住居を何というか。

□ 5 縄文時代に，魔《ま》よけや食物が豊かに実ることを祈《いの》るためにつくられた土製品を何というか。

弥生時代

□ 6 弥生《やよい》時代に日本に広まった，米をつくる農業を何というか。

□ 7 弥生時代の，収穫《しゅうかく》した稲《いね》の貯蔵庫を何というか。

□ 8 弥生時代の，薄手《うすで》でかたい土器を何というか。

★ □ 9 3世紀ごろ，女王卑弥呼《ひみこ》が治めていた国を何というか。

★ □ 10 卑弥呼が使いを送ったとされている国は，次のうちどれか。

〔秦《しん》　魏《ぎ》　漢《かん》　殷《いん》〕

解答

1 約1万年前

2 縄文《じょうもん》土器
低温で焼かれた黒褐色《こっかっしょく》の土器。

3 貝塚《かいづか》

4 たて穴住居

5 土偶《どぐう》

6 稲作《いなさく》

7 高床《たかゆか》倉庫

8 弥生土器

9 邪馬台国《やまたいこく》《やまと》

10 魏
『三国志《さんごくし》』に記述がある。

ぷちトク！ 縄文時代と弥生時代の生活で使われたもの

縄文時代 縄文土器→木の実を煮《に》たり，食料を保存したりする。 土偶→祈りのために使用。

弥生時代 青銅器→銅鐸《どうたく》，銅剣《どうけん》。おもに祭りの道具として使用。 鉄器→武器などに使用。

歴史

32 大和政権の成立

重要度

大和政権の発展

解答

☐ 1 3世紀後半ごろ，奈良盆地《ぼんち》を中心とする地域にうまれた，強い支配者を中心とする政権を何というか。

☐ 2 1を支配した王を何というか。

☐ 3 右のような形をした王や豪族《ごうぞく》の墓を何というか。

☐ 4 3のような墓の上に置かれた，土製の人形を何というか。

☐ 5 王や豪族が3のような墓を多くつくった時代を何というか。

1 大和《やまと》政権［ヤマト王権］
九州地方から東北地方南部までを従えた。

2 大王《おおきみ》《だいおう》

3 前方後円墳《ぜんぽうこうえんふん》

4 埴輪《はにわ》
家や馬などの形もある。

5 古墳《こふん》時代
6世紀末ごろまでの時代。

中国や朝鮮半島の国との交流

☐ 6 右の図は，5世紀ごろの朝《ちょう》鮮《せん》半島を示している。図中のA～Cの国をそれぞれ何というか。

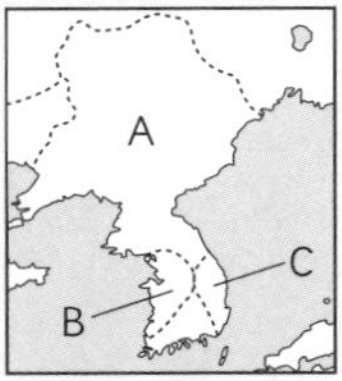

☐ 7 6のころ，中国や朝鮮半島から日本へ移り住んだ人々を何というか。

☐ 8 7の人々が日本に伝えた文字は何か。

☐ 9 7の人々が日本へ伝えた技術や文化のうち，高温で焼かれた黒っぽくかたい土器を何というか。

6 A 高句麗《こうくり》(コグリョ)
B 百済《くだら》(ペクチェ)
C 新羅《しらぎ》(シルラ)

7 渡来人《とらいじん》
一族で移り住んだ。

8 漢字

9 須恵器《すえき》
これまでよりも丈夫《じょうぶ》な土器がつくられるようになった。

ぷちトク！ 中国や朝鮮との関係に注意

① 中国へ使者を送り，朝鮮半島の国に対して有利な立場に立とうとした。

② 6世紀ごろ，中国や朝鮮半島から伝えられた宗教(教え)は，仏教や儒学《じゅがく》。

33 聖徳太子の政治

重要度

6世紀の中国・朝鮮半島

□ 1 6世紀末にうまれた，長安《ちょうあん》(のちの西安《せいあん》)を都とする中国の王朝を何というか。

□ 2 6世紀に，朝鮮《ちょうせん》半島で伽耶《かや》地域をほろぼした国はどこか。

聖徳太子の政治

□ 3 推古天皇《すいこてんのう》の政治を助けた，聖徳太子《しょうとくたいし》(厩戸皇子《うまやどのおうじ》)と(a)氏は,(b)を中心とする政治をめざした。

★ □ 4 聖徳太子が定めた，能力や功績のある人を役人に取り立てようとした制度を何というか。

★ □ 5 聖徳太子が定めた，役人の心構えを示したきまりを何というか。

□ 6 聖徳太子が中国に派遣《はけん》した，小野妹子《おののいもこ》らの使節を何というか。

聖徳太子のころの文化

□ 7 6世紀末から7世紀半ばに栄えた文化を何というか。

★ □ 8 聖徳太子が建てた，現存する世界最古の木造建築がある寺を何というか。

□ 9 飛鳥時代に建てられた日本の寺に影響《えいきょう》をおよぼしたアジアの国は，中国や朝鮮，西アジアの国々のほかにどこか。

解答

1 隋《ずい》
法律である律令《りつりょう》を整備した。

2 新羅《しらぎ》《シルラ》

3 a 蘇我《そが》
b 天皇 [大王《おおきみ》《だいおう》]

4 冠位十二階《かんいじゅうにかい》

5 十七条の憲法《じゅうしちじょうのけんぽう》
仏教や儒学《じゅがく》の考えを取り入れた。

6 遣隋使《けんずいし》
中国の進んだ制度や文化を取り入れようとした。

7 飛鳥《あすか》文化

8 法隆寺《ほうりゅうじ》
創建当時の姿を残しているとされる。

9 インド

ぷちトク！ 飛鳥文化のポイント

① 聖徳太子の時代に栄えた，日本で初めての仏教文化。
② 法隆寺にある釈迦三尊像《しゃかさんぞんぞう》や，広隆寺《こうりゅうじ》にある弥勒菩薩像《みろくぼさつぞう》が代表的な仏像。

歴史

34 大化の改新

重要度

天皇を中心とする新しい国づくり

解答

□ **1** 7世紀初めに隋《ずい》がほろび，次に中国を統一した王朝を何というか。

1 唐《とう》

□ **2** 7世紀中ごろ以降，中国の政治のしくみや進んだ文化を取り入れるために派遣《はけん》された，日本の使節を何というか。

2 遣唐使《けんとうし》

★ □ **3** 645年，中臣鎌足《なかとみのかまたり》とともに蘇我《そが》氏をたおし，政治の改革を始めたのはだれか。

3 中大兄皇子《なかのおおえのおうじ》
のちの天智天皇《てんじてんのう》。

★ □ **4** **3**や中臣鎌足らがめざした，天皇《てんのう》を中心とする新しい国づくりを進めるための一連の改革を何というか。

4 大化《たいか》の改新《かいしん》

□ **5** **4**で行われた，土地と人民を国家が直接支配する方針を何というか。

5 公地・公民

朝鮮半島での戦いと天皇即位

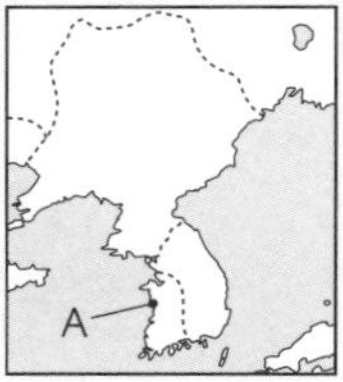

□ **6** 663年，日本が百済《くだら》《ベクチェ》の復興を支援《しえん》するために大軍を送り，右の図のAで起こった戦いを何というか。

6 白村江《はくすきのえ（はくそんこう）》の戦い
唐と新羅《しらぎ》《シルラ》の連合軍と戦った。

★ □ **7** 672年，天智天皇のあとつぎをめぐって起こった争いを何というか。

7 壬申《じんしん》の乱

□ **8** **7**に勝利して，即位《そくい》した天皇はだれか。

8 天武《てんむ》天皇
律令《りつりょう》などをつくるよう命じた。

□ **9** 持統《じとう》天皇が即位してつくった，日本で初めての本格的な都を何というか。

9 藤原京《ふじわらきょう》

ぷちトク！ 西日本に山城《やまじろ》が築かれたワケ

百済がほろぼされる。 → 日本は百済の復興のために大軍を送る。 → 白村江の戦いで敗れる。 → 西日本に山城を築き，唐や新羅の侵攻《しんこう》に備える。

歴史

35 律令国家の成立

重要度

律令国家の成立

★ □ **1** 701年，唐《とう》にならってつくられた，国を治めるしくみを定めたきまりを何というか。

□ **2** 右の図のAにあてはまる，九州地方の政治を行った役所を何というか。

□ **3** 右の図のBにあてはまる，都から国に派《は》遣《けん》された役職を何というか。

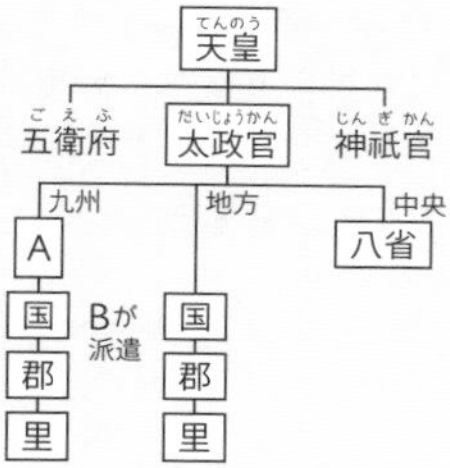

解答

1 大宝律令《たいほうりつりょう》

2 大宰府《だざいふ》
外交や防衛も担当した。

3 国司《こくし》
郡司《ぐんじ》に任命された地方の豪《ごう》族《ぞく》や里長《さとおさ》《りちょう》を監督《かんとく》した。

奈良につくられた都

★ □ **4** 710年，唐の都である（ a ）にならって，奈良盆《ぼん》地《ち》の北部に（ b ）という新しい都がつくられた。

□ **5** 人々に土地をあたえて土地を管理する制度を何というか。

□ **6** **5**で，戸籍《こせき》に登録された6歳《さい》以上の人々にあたえられた土地を何というか。

□ **7** 律令国家における農民の負担で，収穫量《しゅうかくりょう》の約3%の稲《いね》を納めることを何というか。

★ □ **8** 743年に出された，新しく開墾《かいこん》した土地をいつまでも私有してよいとしたきまりを何というか。

4 a 長安《ちょうあん》
b 平城京《へいじょうきょう》《へいぜいきょう》

5 班田収授法《はんでんしゅうじゅのほう》

6 口分田《くぶんでん》
死後，土地は国へ返す。

7 租《そ》

8 墾田永年私財法《こんでんえいねんしざいのほう》

ぷちトク！ よく出る奈良時代の農民の負担

租　稲の収穫量の約3%を納める負担。

調《ちょう》　絹《きぬ》，糸など地方の特産物を納める負担。

庸《よう》　労役《ろうえき》の代わりに麻《あさ》の布を納める負担。

雑徭《ぞうよう》　地方で，年間60日までの労役を行う。

兵役《へいえき》　兵士となる負担。防人《さきもり》など。

歴史

36 天平文化

重要度

奈良時代の文化

解答

☐ **1** 奈良《なら》時代に栄えた，唐《とう》の文化の影響《えいきょう》を強く受けた国際色豊かな文化を何というか。

1 天平《てんぴょう》文化

☐ **2** 仏教の力で国を守るため，光明皇后《こうみょうこうごう》とともに，国ごとに国分寺《こくぶんじ》・国分尼寺《こくぶんにじ》をつくらせた天皇《てんのう》はだれか。

2 聖武《しょうむ》天皇
仏教を厚く信仰《しんこう》した。

☐ **3** **2**の天皇が都に建て，大仏を収めた寺を何というか。

3 東大寺《とうだいじ》

☐ **4** **2**の天皇の遺品や遣唐使《けんとうし》が持ち帰った品が収められている，**3**にある右の建物を何というか。

4 正倉院《しょうそういん》(正倉)
西アジアやインドの品々も収められている。

☐ **5** 正しい仏教を広めるため，何度も渡航《とこう》に失敗しながらも，唐から来日した僧《そう》はだれか。

5 鑑真《がんじん》
唐招提寺《とうしょうだいじ》を建てた。

奈良時代につくられた書物

☐ **6** 天皇や貴族《きぞく》のほか，防人《さきもり》や農民の歌などが収められている，日本でもっとも古い和歌集を何というか。

6 万葉集《まんようしゅう》
大伴家持《おおとものやかもち》が編纂《へんさん》した。

☐ **7** 地方の国ごとにまとめられた，自然や産物，伝承などを記した書物を何というか。

7 風土記《ふどき》

☐ **8** 『古事記《こじき》』と同じころにつくられた，神話や伝承をもとにした歴史書を何というか。

8 日本書紀《しょき》

ぷちトク！ 奈良時代の文化の特色

① 天皇や貴族による華《はな》やかな，唐の影響を強く受けた文化。

② 唐と西アジアやインドとの交流→国際色豊かな文化。

37 平安京と摂関政治

重要度

京都につくられた都

	問題	解答
□	1 794年に，京都につくられた都を何というか。	1 平安京《へいあんきょう》
★ □	2 1に都を移した天皇《てんのう》はだれか。	2 桓武《かんむ》天皇
□	3 坂上田村麻呂《さかのうえのたむらまろ》が任命された，東北地方の蝦夷《えみし》を平定するための役職を何というか。	3 征夷大将軍《せいいたいしょうぐん》
□	4 遣唐使《けんとうし》とともに唐にわたり，帰国後，右の図のAに延暦寺《えんりゃくじ》を建てた僧《そう》はだれか。	4 最澄《さいちょう》 比叡山《ひえいざん》の延暦寺を本拠地《ほんきょち》とした。
□	5 4の僧が開いた仏教の宗派を何というか。	5 天台宗《てんだいしゅう》
□	6 遣唐使とともに唐にわたり，帰国後，上の図のBに金剛峯寺《こんごうぶじ》を建てた僧はだれか。	6 空海《くうかい》 高野山《こうやさん》に金剛峯寺を建てた。
□	7 6の僧が開いた仏教の宗派を何というか。	7 真言宗《しんごんしゅう》
□	8 遣唐使の派遣《はけん》停止を訴《うった》え認められたのはだれか。	8 菅原道真《すがわらのみちざね》 学問の神様として知られる。

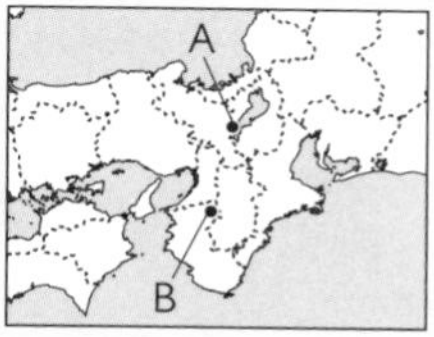

藤原氏による政治

	問題	解答
★ □	9 藤原《ふじわら》氏は，ほかの貴族《きぞく》たちを退けて勢力をのばし，天皇が幼いときには（ a ），成長してからは（ b ）の職に就《つ》いて政治の実権をにぎった。	9 a 摂政《せっしょう》 b 関白《かんぱく》
□	10 9の政治を何というか。	10 摂関《せっかん》政治
★ □	11 11世紀前半，子の頼通《よりみち》とともに，10の政治の最盛期《さいせいき》を築いた人物はだれか。	11 藤原道長《みちなが》

ぷちトク！ 藤原氏が実権をにぎったワケ

① 娘《むすめ》を天皇のきさきにして，うまれた子どもを次の天皇にした。

② 天皇の代わりに政治を行ったり，天皇を補佐したりして，太政官《だいじょうかん》の役職を一族で独占《どくせん》した。

歴史

38 国風文化

重要度

10世紀の中国・朝鮮半島

□ **1** 唐《とう》がほろんで小国に分かれていた中国を10世紀に統一した，右の図のAの国を何というか。

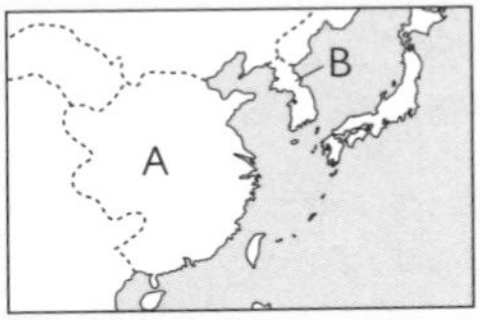

□ **2** 10世紀に上の図のBにおこった国を何というか。

平安時代の文化

★ □ **3** 平安《へいあん》時代に栄えた，唐の文化をもととし，日本の生活や風土に合った文化を何というか。

□ **4** 平安時代にうまれた，漢字を変形させたり漢字の一部を切りとったりして，感情を自由に書き表せるようにした文字を何というか。

★ □ **5** **4**を使って，紫式部《むらさきしきぶ》は長編小説の『(a)』を著《あらわ》し，(b)は随筆《ずいひつ》の『枕草子《まくらのそうし》』を著した。

□ **6** 905年に成立した，紀貫之《きのつらゆき》らがまとめた和歌集を何というか。

□ **7** 念仏《ねんぶつ》を唱えて阿弥陀如来《あみだにょらい》にすがり，極楽浄土《ごくらくじょうど》へうまれ変わることを願う信仰《しんこう》を何というか。

★ □ **8** 平安時代に建てられた，右の建物を何というか。

□ **9** **8**を建てた人物はだれか。

解答

1 宋《そう》［北宋］

2 高麗《こうらい(コリョ)》
新羅《しらぎ》《シルラ》をほろぼしておこった。

3 国風《こくふう》文化

4 仮名《かな》文字［かな文字］

5 a 源氏《げんじ》物語
b 清少納言《せいしょうなごん》

6 古今和歌集《こきんわかしゅう》

7 浄土《じょうど》信仰［浄土教］

8 平等院鳳凰堂《びょうどういんほうおうどう》
京都府宇治《うじ》市にある。

9 藤原頼通《ふじわらのよりみち》
藤原道長《みちなが》の子。

ぷちトク！ よく出る国風文化

(建物) 寝殿造《しんでんづくり》
(貴族《きぞく》の屋敷《やしき》)

(書物) 和歌→『古今和歌集』(紀貫之らが編纂《へんさん》) 随筆《ずいひつ》→『枕草子』(清少納言)
物語→『竹取《たけとり》物語』，『源氏物語』(紫式部)

歴史

39 武士の台頭

重要度

武士の登場

解答

☆ □ **1** 武士が，一族の長《おさ》を中心として，子や兄弟，家来を率いてつくったまとまりを何というか。

1 武士団

□ **2** 有力な武士のまとまりとして，天皇《てんのう》の子孫である（ a ）と（ b ）が力をのばした。

2 a 源氏《げんじ》
b 平氏《へいし》
a，bは順不同。

□ **3** 右の図のAの地域で10世紀に海賊《かいぞく》たちを率いて反乱を起こした人物はだれか。

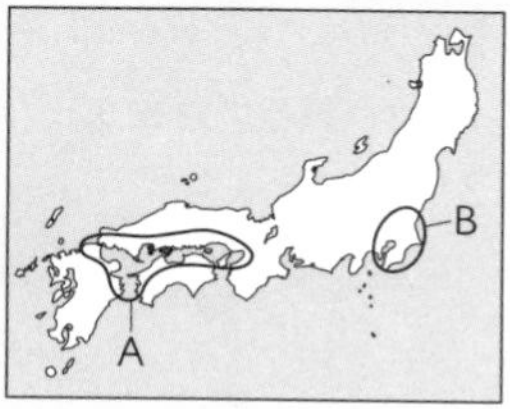

3 藤原純友《ふじわらのすみとも》

□ **4** 上の図のBの地域で10世紀に反乱を起こした人物はだれか。

4 平将門《たいらのまさかど》
「新皇《しんのう》(新しい王)」と名乗った。

□ **5** 11世紀に東北地方で起こった前九年合戦《ぜんくねんかっせん》・後《ご》三年《さんねん》合戦をしずめて，東日本に勢力を広げたのはだれか。

5 源 義家《みなもとのよしいえ》

☆ □ **6** 11世紀，平泉《ひらいずみ》を拠点《きょてん》として勢力をのばした武士の一族を何というか。

6 奥州《おうしゅう》藤原氏
中尊寺金色堂《ちゅうそんじこんじきどう》を建てた。

土地の開発と農民の負担

□ **7** 11世紀ごろから，地方の役人や僧《そう》，武士などが開発を進めて，貴族《きぞく》や寺社などに寄進《きしん》された土地を何というか。

7 荘園《しょうえん》
寄進を受けた貴族や寺社は，領主になった。

□ **8** 土地の開発者が**7**の農民から集めて領主に納めた，土地に関する税を何というか。

8 年貢《ねんぐ》

ぷちトク！ 10～11世紀の武士の動き

① 武士団の中でも，源氏と平氏が有力となった。
② 10世紀中ごろ，北関東では平将門が，瀬戸内海《せとないかい》では藤原純友が反乱を起こした。

歴史

40 院政と平氏

重要度

上皇による政治と武士

★ □ 1 白河上皇《しらかわじょうこう》が始めた，皇位をゆずったあとも上皇として行う政治を何というか。

□ 2 1156年，天皇《てんのう》と上皇の対立や貴族《きぞく》の対立などから起こった反乱を何というか。

□ 3 1159年，平氏《へいし》と源氏《げんじ》の対立や貴族の対立から起こった反乱を何というか。

□ 4 後白河《ごしらかわ》上皇の政治に協力した平氏の棟梁《とうりょう》はだれか。

平氏の政治

★ □ 5 4が，武士として初めて任命された朝廷《ちょうてい》の最高の役職名を何というか。

□ 6 4が，貿易を行った中国の王朝名は，次のうちどれか。
〔唐《とう》　隋《ずい》　魏《ぎ》　宋《そう》〕

□ 7 4が整え，航海の安全を祈願《きがん》した神社を何というか。

□ 8 弟の源義経《みなもとのよしつね》に命じて，平氏を西へ追いつめさせた，源氏の棟梁はだれか。

★ □ 9 1185年，平氏が源義経によってほろぼされた，右の図のAの地名を何というか。

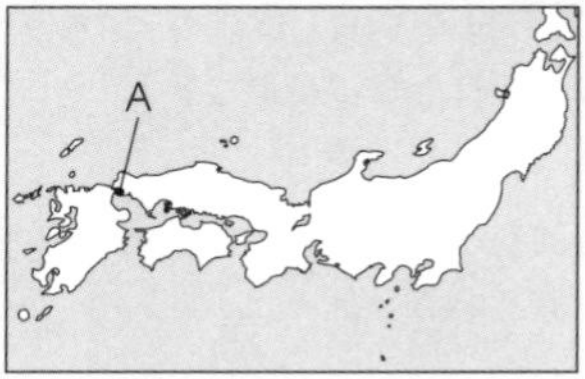

解答

1 院政《いんせい》

2 保元《ほうげん》の乱

3 平治《へいじ》の乱

4 平清盛《たいらのきよもり》

5 太政大臣《だいじょうだいじん》

6 宋
航路や兵庫の港（大輪田泊《おおわだのとまり》）を整備した。

7 厳島《いつくしま》神社

8 源頼朝《よりとも》
3で敗れた源義朝《よしとも》の子。

9 壇ノ浦《だんのうら》

ぷちトク！ 覚えておきたい平氏の政治

① 平清盛は武士として初めて太政大臣となり，日宋貿易を行った。
② 娘《むすめ》を天皇のきさきにして政治の実権をにぎった。←摂関《せっかん》政治を行った藤原《ふじわら》氏と同じ。

歴史

41 鎌倉幕府の成立と執権政治

重要度

鎌倉幕府と執権政治

- ☐ **1** 源《みなもとの》 頼朝《よりとも》の死後，北条《ほうじょう》氏が独占《どくせん》した，将軍を補佐する役職を何というか。
- ☐ **2** 鎌倉幕府《かまくらばくふ》で置かれた，国ごとに軍事などをつかさどる役職を（ a ），荘園《しょうえん》や公領を管理した役職を（ b ）という。
- ☐ **3** 将軍に忠誠《ちゅうせい》を誓《ちか》った武士を何というか。
- ☐ **4** 将軍が❸の武士に対して，所有する領地を保護し，新しい領地をあたえることを何というか。
- ☐ **5** ❸の武士が京都や鎌倉を警備し，合戦のときには将軍のために命がけで戦うことを何というか。
- ☐ **6** 1221年，後鳥羽上皇《ごとばじょうこう》が幕府をたおそうとして兵を挙げたが，敗れた戦いを何というか。
- ☐ **7** ❻のあと，幕府が朝廷《ちょうてい》を監視《かんし》するために，京都に設置した役所を何というか。
- ☐ **8** 1232年に北条泰時《やすとき》によって定められた，政治の判断の基準となるきまりを何というか。

農業の発展

- ☐ **9** 同じ耕地で1年に2回，米と麦などの，ちがう作物をつくることを何というか。
- ☐ **10** 鎌倉時代に広まった農作業は，次のどちらか。
〔石包丁《いしぼうちょう》による稲《いね》の収穫《しゅうかく》　　牛馬の利用〕

解答

- **1** 執権《しっけん》
- **2** a 守護《しゅご》
b 地頭《じとう》
源頼朝が設置した。
- **3** 御家人《ごけにん》
- **4** 御恩《ごおん》
- **5** 奉公《ほうこう》
- **6** 承久《じょうきゅう》の乱
敗れたあと，上皇は隠岐《おき》(島根県)へ流された。
- **7** 六波羅探題《ろくはらたんだい》
西の武士の統率《とうそつ》も行った。
- **8** 御成敗式目《ごせいばいしきもく》
[貞永《じょうえい》式目]
- **9** 二毛作《にもうさく》
鎌倉時代に始まった。
- **10** 牛馬の利用

ぷちトク！ 鎌倉幕府のしくみと勢力

① 源頼朝と御家人は，御恩と奉公の主従関係で結ばれた。
② 後鳥羽上皇による承久の乱→勝った幕府は朝廷を監視し，西日本に勢力を拡大。

歴史

42 鎌倉時代の文化

重要度

鎌倉文化

解答

☆ □ 1 鎌倉《かまくら》時代につくられた，右の力強い彫刻《ちょうこく》を何というか。

1 金剛力士像《こんごうりきしぞう》
運慶《うんけい》・快慶《かいけい》らがつくった。

□ 2 ❶が置かれている，鎌倉時代の初めに再建された建物を何というか。

2 東大寺南大門《とうだいじなんだいもん》
宋《そう》の様式が取り入れられている。

☆ □ 3 平氏《へいし》の繁栄《はんえい》と滅亡《めつぼう》をえがいた軍記物を何というか。

3 平家《へいけ》物語

□ 4 ❸の軍記物を語り広めた人々を何というか。

4 琵琶法師《びわほうし》

□ 5 後鳥羽上皇《ごとばじょうこう》の命令によってつくられた和歌集を何というか。

5 新古今和歌集《しんこきんわかしゅう》
藤原《ふじわらの》定家《さだいえ》《ていか》が編纂《へんさん》した。

□ 6 鴨長明《かものちょうめい》が著《あらわ》した随筆《ずいひつ》を何というか。

6 方丈記《ほうじょうき》

鎌倉仏教

□ 7 浄土宗《じょうどしゅう》を開き，念仏《ねんぶつ》を唱えればだれでも極楽浄土《ごくらくじょうど》にうまれ変われると説いた僧《そう》はだれか。

7 法然《ほうねん》
「南無阿弥陀仏《なむあみだぶつ》」を唱える。

□ 8 ❼の弟子《でし》で，浄土真宗《じょうどしんしゅう》(一向宗《いっこう》)を開いた人物はだれか。

8 親鸞《しんらん》

□ 9 ❼の弟子から浄土宗を学んだ(a)は，念仏の札を配ったり，おどり念仏を行ったりして各地をめぐり,(b)を広めた。

9 a 一遍《いっぺん》
b 時宗《じしゅう》

□ 10 題目《だいもく》を唱えれば，国や人々が救われると説いた僧はだれか。

10 日蓮《にちれん》
「南無妙法蓮華経《なむみょうほうれんげきょう》」を唱える。

☆ □ 11 栄西《ようさい》《えいさい》や(a)は，座禅《ざぜん》によって自分の力でさとりを得ようとする(b)を宋から伝えた。

11 a 道元《どうげん》
b 禅宗《ぜんしゅう》

ぷちトク！ 鎌倉文化や鎌倉仏教の特色

① 写実的で力強い文化←武士の好みや宋の文化を反映している。

② 鎌倉仏教はわかりやすく，信仰《しんこう》しやすい←厳しい修行《しゅぎょう》は必要なかった。

歴史

43 モンゴル帝国の成立

重要度

モンゴル帝国

□ 1 13世紀初めに，モンゴル帝国《ていこく》を築き，初代皇《こう》帝《てい》となった人物はだれか。

□ 2 1の人物の孫で，モンゴル帝国第5代皇帝となった人物はだれか。

□ 3 2の人物が名づけた，現在の中国周辺にあたる，次の図のXの国名を何というか。

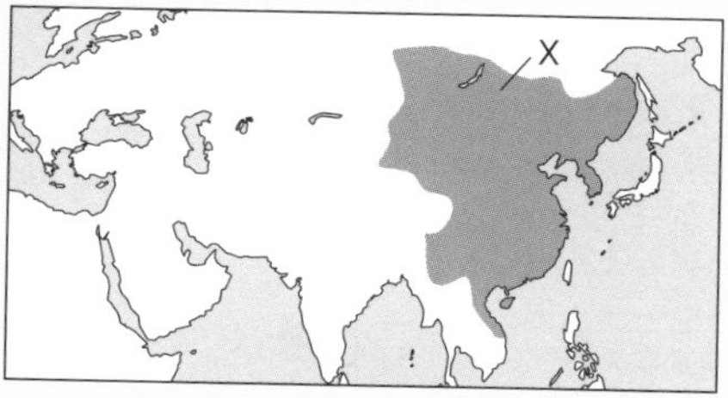

□ 4 2の人物が従えた，朝鮮《ちょうせん》半島の国を何というか。

ユーラシアの一体化

□ 5 13世紀ごろ，中央アジアで交易を行っていた商人が信仰《しんこう》した宗教を何というか。

□ 6 モンゴル帝国からヨーロッパに伝えられたものは，次のうちどれか。
〔火薬　絹《きぬ》織物　天文学　ガラスの器〕

□ 7 イタリア人の(　　)は，著書の『世界の記述』の中で，日本を金の産出が多い国であると紹介《しょうかい》した。

解答

1 チンギス・ハン

2 フビライ・ハン

3 元《げん》
大都《だいと》(現在の北京《ペキン》)が都。

4 高麗《こうらい》《コリョ》

5 イスラム教

6 火薬

7 マルコ・ポーロ
『世界の記述』は，日本では『東方見聞録《とうほうけんぶんろく》』として知られる。

ぷちトク! モンゴル帝国の主要人物

チンギス・ハン	モンゴル高原の遊牧民の勢力を統一し，モンゴル帝国を建国した。
フビライ・ハン	モンゴル帝国の第5代皇帝。中国を支配し，国号を元に変えた。

歴史

44 元寇とその影響

重要度

モンゴルの襲来

解答

☆ □ **1** 元《げん》が日本を従えようと使者を送ったとき，その使者の要求を拒《こば》んだ鎌倉幕府《かまくらばくふ》の第8代執権《しっけん》はだれか。

1 北条時宗《ほうじょうときむね》

□ **2** 1274年に起こった，元との1度目の戦いを（ a ），1281年に起こった，2度目の戦いを（ b ）という。

2 a 文永《ぶんえい》の役《えき》
b 弘安《こうあん》の役

□ **3** **2**の戦いを合わせて何というか。

3 元寇《げんこう》［蒙古襲来《もうこしゅうらい》］

□ **4** **3**では，幕府の武士は1人で戦うのに対し，元は(　　　)戦法だったため，幕府軍は苦戦した。

4 集団
火薬の武器も元軍の特徴《とくちょう》。

鎌倉幕府の滅亡

☆ □ **5** 右の資料は，生活が苦しくなった御《ご》家人《けにん》を救うために鎌倉幕府が出したきまりである。これを何というか。

> 領地の質入れや売買は，御家人の生活が苦しくなるもとなので，今後は禁止する。
> （一部要約）

5 (永仁《えいにん》の)徳政令《とくせいれい》
御家人は，借金を帳消しにすることができる。

□ **6** 近畿《きんき》地方を中心に現れた，荘園《しょうえん》領主や幕府に反《はん》抗《こう》した武士を何というか。

6 悪党《あくとう》

□ **7** 政治の実権を朝廷《ちょうてい》に取りもどすために，鎌倉幕府をたおそうとした天皇《てんのう》はだれか。

7 後醍醐《ごだいご》天皇
一度，隠岐《おき》に流された。

☆ □ **8** **7**は楠木正成《くすのきまさしげ》や新田義貞《にったよしさだ》，東の有力な御家人であった(　　　)とともに，1333年に鎌倉幕府をほろぼした。

8 足利尊氏《あしかがたかうじ》

ぷちトク！ 鎌倉幕府がほろびた背景

① 相続などによって領地が少なくなる。→借金によって御家人が土地を手放す。
② 生活が苦しくなった御家人を救おうと幕府は徳政令を出す。→一時的な効果だった。
③ 御家人は，幕府からはなれる。→楠木正成らが挙兵した。

45 南北朝の動乱と室町幕府の成立

重要度

南北朝の時代

★ □ 1 鎌倉幕府《かまくらばくふ》をたおした後醍醐天皇《ごだいごてんのう》が始めた，天皇中心の政治を何というか。

★ □ 2 朝廷《ちょうてい》が南北に分かれ，約60年間対立が続いた時代を何というか。

□ 3 2の時代に，南朝が置かれたのは，現在の都道府県ではどこか。

□ 4 足利尊氏《あしかがたかうじ》を征夷大将軍《せいいたいしょうぐん》に任命した朝廷は，北朝と南朝のどちらか。

□ 5 領国内の武士を従えて，領国を支配するようになった守護《しゅご》を何というか。

室町幕府

□ 6 南北朝を統一した，室町《むろまち》幕府第3代将軍はだれか。

★ □ 7 右の図のXにあてはまる，将軍を補佐する役職を何というか。

□ 8 右の図のYにあてはまる，関東地方の8か国と伊豆《いず》・甲斐《かい》を支配する地方の役所を何というか。

室町幕府のしくみ

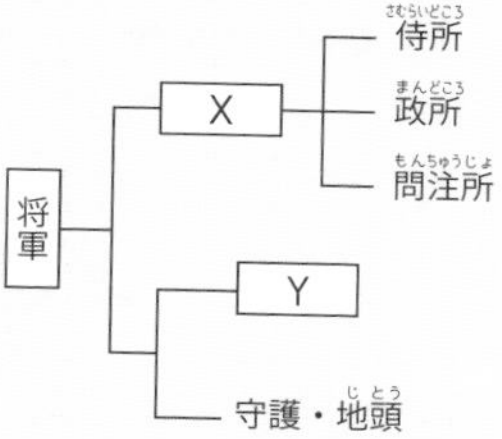

解答

1 建武《けんむ》の新政《しんせい》
貴族《きぞく》を重視した政治だった。

2 南北朝時代

3 奈良県
吉野《よしの》に置かれた。

4 北朝
京都の朝廷から任命された。

5 守護大名《だいみょう》

6 足利義満《よしみつ》

7 管領《かんれい》
細川《ほそかわ》氏などが任命された。

8 鎌倉府
この役所の長官を鎌倉公方《くぼう》という。

ぷちトク！ 後醍醐天皇の政治から室町幕府成立までの流れ

後醍醐天皇が政治を始める。 → 足利尊氏が挙兵。 → 後醍醐天皇の政権がたおれる。 → 後醍醐天皇は吉野に逃《のが》れる。〔南朝〕 → 北朝から足利尊氏が征夷大将軍に任命される。

歴史

46 東アジアとの交易

重要度

中国や朝鮮との交易

	解答
★ □ 1 14世紀，漢《かん》民族が中国に建てた国を何というか。	1 明《みん》
□ 2 14世紀ごろ，大陸沿岸で船をおそって品物をうばった，人物や集団を何というか。	2 倭寇《わこう》
□ 3 足利義満《あしかがよしみつ》が始めた，右の証明書を用いて中国と行った，朝貢《ちょうこう》形式の貿易を何というか。	3 日明《にちみん》貿易［勘合《かんごう》貿易］ 正式な貿易船と区別するために用いた。
□ 4 3の貿易での，日本の輸入品は，次のうちどれか。 〔生糸《きいと》　硫黄《いおう》　銅　漆器《しっき》〕	4 生糸 このほかに，陶磁器《とうじき》なども輸入した。
★ □ 5 14世紀末に李成桂《りせいけい》《イソンゲ》が高麗《こうらい》《コリョ》をほろぼして建てた国を何というか。	5 朝鮮《ちょうせん》国［朝鮮］
★ □ 6 5でつくられた独自の文字を何というか。	6 ハングル［訓民正音《くんみんせいおん》］

沖縄島の王国，蝦夷地にすむ人々

□ 7 15世紀初め，尚《しょう》氏が沖縄島を統一して建てた国を何というか。	7 琉球《りゅうきゅう》王国 首都は首里《しゅり》。
□ 8 7の国は，日本，東南アジア，中国の産物を輸入し，その産物を別の国へ輸出する(　　　)で栄えた。	8 中継《なかつぎ》貿易
□ 9 蝦夷地《えぞち》(北海道)で，狩《か》りや漁，本州やユーラシア大陸との交易を行って暮らしていた民族を何というか。	9 アイヌ(の人々)［アイヌ民族］

ぷちトク！ 室町時代の日本のおもな貿易品

中国→日本　生糸，銅銭，絹《きぬ》織物，書画や陶磁器など。

日本→中国　刀や銅，硫黄，漆器など。

朝鮮→日本　経典《きょうてん》や綿織物など。　日本→朝鮮　銅や硫黄など。

室町時代の産業

農業と商業の発展

解答

□ 1 月に3回や6回など，毎月決められた日に開かれる市を何というか。

1 定期市

□ 2 室町《むろまち》時代に，1の取り引きで多く使用された貨《か》幣《へい》を何というか。

2 明銭《みんせん》［宋銭《そうせん》］

□ 3 右の絵は，陸上輸送で活躍《かつやく》した，馬に荷を乗せて運ぶ業者をかいたものである。この業者を何というか。

3 馬借《ばしゃく》

□ 4 各地の港町などで，物資の保管などの倉庫業も営んだ運送業者を何というか。

4 問《とい》［問丸《といまる》］

★ □ 5 営業を独占《どくせん》する権利を認められた，商人や手工業者などが同業者ごとにつくった団体を何というか。

5 座《ざ》
武士や貴族《きぞく》，寺社に税を納めて保護を得た。

村の自治

★ □ 6 村で有力な農民を中心に，用水路や森林の管理についておきてを定めるなどして，地域の自治を行った組織を何というか。

6 惣《そう》［惣村］
寄合《よりあい》を開いておきてを定めた。

□ 7 農民が団結して土倉《どそう》や酒屋などをおそい，借金の帳消しや年貢《ねんぐ》の軽減を求めた一揆《いっき》を何というか。

7 土一揆《つちいっき》《ど》

□ 8 京都で祇園祭《ぎおんまつり》などを復興させた，裕福《ゆうふく》な商工業者を何というか。

8 町衆《ちょうしゅう》《まちしゅう》

ぷちトク！ まちがえやすい室町時代の業者と組織

運送業者 馬借…馬の背で運ぶ。 車借《しゃしゃく》…牛馬がひく荷車《にぐるま》で運ぶ。 問(問丸)…倉庫も営む。

都市の自治組織 座…同業者の団体。 町衆…裕福な商工業者。

村の自治組織 惣(惣村)…寄合を開いて，村のおきてなどを決める。

歴史

48 応仁の乱と戦国時代

重要度

11年にわたる戦乱

★ □ **1** 1467年，将軍のあとつぎ問題と守護大名《しゅごだいみょう》の対立をきっかけとして，京都で始まった戦乱を何というか。

□ **2** **1**の戦乱が起こったときの室町幕府《むろまちばくふ》の将軍はだれか。

農民たちの一揆と戦国時代

□ **3** 山城《やましろ》(京都府)で，武士や農民が協力して守護大名を追い出し，自治を行った一揆《いっき》を何というか。

□ **4** 浄土真宗《じょうどしんしゅう》(一向宗《いっこうしゅう》)を信仰《しんこう》している武士や農民たちが，各地で起こした一揆を何というか。

★ □ **5** 下の身分の者が上の身分の者を実力でたおして，権力をにぎる風潮を何というか。

★ □ **6** 国を統一して支配し，領国内の武士を家臣として従えた大名を何というか。

□ **7** **6**の大名が，城の周辺に家臣を住まわせ，商工業者を集めてつくった町を何というか。

□ **8** **6**の大名が，領国内の武士や民衆を統制するために独自に定めた，右のようなきまりを何というか。

> 一　けんかをした者は，どのような理由による者でも処罰《しょばつ》する。
> (甲州法度之次第)
> (部分要約)

解答

1 応仁《おうにん》の乱
戦乱は11年続いた。

2 足利義政《あしかがよしまさ》

3 山城国《やましろのくに》一揆

4 一向一揆
加賀《かが》で起こったものが有名。

5 下剋上《げこくじょう》

6 戦国《せんごく》大名

7 城下町《じょうかまち》
城は，交通に便利な平地に築かれるようになった。

8 分国法《ぶんこくほう》

ぷちトク！ よく出る一揆

① 正長《しょうちょう》の土《つち》《ど》一揆：1428年，近江《おうみ》(滋賀県)の馬借《ばしゃく》が中心となって起こした。
② 山城国一揆：山城(京都府)で武士と農民が協力し，守護大名を追い出した。
③ 加賀の一向一揆：加賀(石川県)で浄土真宗の信者が守護大名をたおした。約100年自治。

49 室町文化

重要度

室町文化

★ □ 1 猿楽《さるがく》や田楽《でんがく》などをもとに，観阿弥《かんあみ》・世阿弥《ぜあみ》が大成した芸能を何というか。

□ 2 室町幕府《むろまちばくふ》第3代将軍の足利義満が，京都の北山《きたやま》に建てた別荘《べっそう》を何というか。

□ 3 2に代表される，義満のころの文化を何というか。

□ 4 室町幕府第8代将軍の足利義政《よしまさ》が京都の東山《ひがしやま》に建てた別荘を何というか。

□ 5 4に代表される，義政のころの文化を何というか。

★ □ 6 4と同じ敷地《しきち》内の東求堂《とうぐどう》同仁斎《どうじんさい》などに見られる，右の図のような建築様式を何というか。

□ 7 墨《すみ》一色で自然を表現する絵画を何というか。

□ 8 中国で7を学び，帰国後，日本独自の様式を完成させ，風景などをえがいた人物はだれか。

民衆へ広がる文化

□ 9 能の合間に演じられた，民衆の生活をよく表した喜劇を何というか。

□ 10 『一寸法師《いっすんぼうし》』などの，絵入りの物語を何というか。

解答

1 能《のう》［能楽《のうがく》］
足利義満《あしかがよしみつ》が保護した。

2 金閣《きんかく》

3 北山文化

4 銀閣《ぎんかく》

5 東山文化

6 書院造《しょいんづくり》
現代の和風建築のもととなった。

7 水墨画《すいぼくが》

8 雪舟《せっしゅう》
「秋冬山水図《しゅうとうさんすいず》」が代表作。

9 狂言《きょうげん》

10 御伽草子《おとぎぞうし》［お伽草子］

ぷちトク！ 室町時代のおもな文化

北山文化の特色　貴族《きぞく》と武士の文化が混じり合った文化。 ゴロ！ 危機濃密！ 北《キ》山・金《キ》閣・能《ノウ》・義満《ミツ》

東山文化の特色　禅宗《ぜんしゅう》の影響《えいきょう》を受けた，質素な文化。 ゴロ！ 東《ヒ》山・書《ショ》院造・水《スイ》墨画 ← 避暑水

建物　金閣，銀閣

芸能・美術　能(観阿弥・世阿弥が大成)，狂言，水墨画

歴史

ぷち まとめ

整理したい歴史の流れ

古代までの流れと文化

年	おもなできごと
239	邪馬台国《やまたいこく》の女王(卑弥呼《ひみこ》)が魏《ぎ》に使いを送る
593	(聖徳太子《しょうとくたいし》)が推古天皇《すいこてんのう》の政治を助ける役職につく
645	(大化《たいか》の改新)が始まる
672	(壬申《じんしん》の乱)が起こる
701	(大宝律令《たいほうりつりょう》)が出される
710	(平城京《へいじょうきょう》)に都を移す
794	(平安京《へいあんきょう》)に都を移す

(飛鳥《あすか》)文化

- 建物 (法隆寺《ほうりゅうじ》)：現存する世界最古の木造建築

(天平《てんぴょう》)文化

- 文学 歴史書：『古事記《こじき》』，『日本書紀《にほんしょき》』
  - 地理書：『風土記《ふどき》』
  - 歌集：『万葉集《まんようしゅう》』

(国風《こくふう》)文化

- 建物 (平等院鳳凰堂《びょうどういんほうおうどう》)：藤原頼通《ふじわらのよりみち》が建てた阿弥陀《あみだ》堂
- 文学 (紫式部《むらさきしきぶ》)『源氏《げんじ》物語』
  - (清少納言《せいしょうなごん》)『枕草子《まくらのそうし》』

中世の流れと文化

年	おもなできごと
1086	白河上皇《しらかわじょうこう》が(院政《いんせい》)を始める
1167	(平 清盛《たいらのきよもり》)が太政大臣《だいじょうだいじん》となる
1192	(源 頼朝《みなもとのよりとも》)が征夷大将軍《せいいたいしょうぐん》となる
1221	(承久《じょうきゅう》の乱)が起こる
1232	(御成敗式目《ごせいばいしきもく》)が定められる
1274	文永《ぶんえい》の役が起こる
1281	(弘安《こうあん》の役)が起こる
1334	(建武《けんむ》の新政)が始まる
1338	(足利尊氏《あしかがたかうじ》)が征夷大将軍となる
1467	(応仁《おうにん》の乱)が始まる

鎌倉《かまくら》文化

- 彫刻《ちょうこく》 (金剛力士像《こんごうりきしぞう》)：運慶《うんけい》ら
- 文学 軍記物：『平家《へいけ》物語』
- 仏教 法然《ほうねん》：(浄土《じょうど》)宗《しゅう》
  - 親鸞《しんらん》：(浄土真《じょうどしん》)宗《しゅう》
  - 日蓮《にちれん》：日蓮宗
  - (一遍《いっぺん》)：時宗《じしゅう》
  - 栄西《ようさい》：臨済宗《りんざいしゅう》、道元《どうげん》：曹洞宗《そうとうしゅう》 → 禅宗《ぜんしゅう》

室町《むろまち》文化

- 建物 (金閣《きんかく》)：足利義満《あしかがよしみつ》が建立《こんりゅう》
  - (銀閣《ぎんかく》)：足利義政《よしまさ》が建立
- 芸能 (能《のう》)：観阿弥《かんあみ》・世阿弥《ぜあみ》が大成
  - (狂言《きょうげん》)：能《のう》の合間の喜劇
- 絵画 (雪舟《せっしゅう》)：日本の水墨画《すいぼくが》を完成

SCIENCE

理科

生命

物質

エネルギー

地球

生命

1 観察器具の使い方

重要度

ルーペの使い方

□ **1** ルーペで観察するときは，ルーペを目と観察物のどちらに近づけて持つか。

★ □ **2** 花を手に持ってルーペで観察するとき，ピントを合わせるためにはどれを動かすか。

★ □ **3** 動かせないものを観察するときは，ルーペを（ a ）に近づけて持ち，（ b ）を前後に動かしてピントを合わせる。

□ **4** ルーペで見てはいけないものは何か。

双眼実体顕微鏡の使い方

□ **5** 右の図のAは，左右の視力の違《ちが》いによる見え方の差をなくすものである。Aの名称を答えなさい。

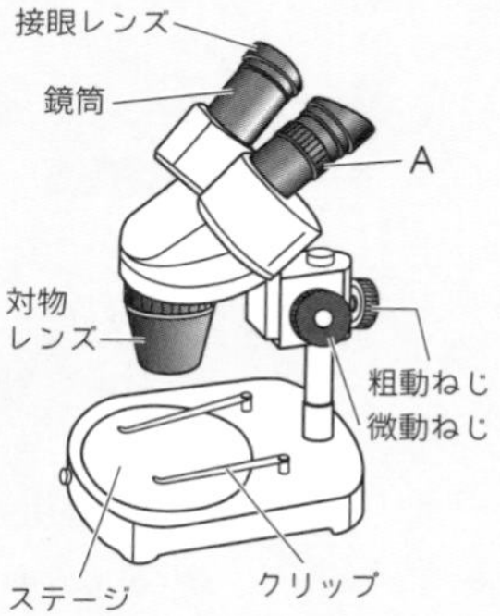

★ □ **6** 双《そう》眼《がん》実《じっ》体《たい》顕《けん》微《び》鏡《きょう》で見ると観察物は立体的，平面的のどちらに見えるか。

□ **7** 双眼実体顕微鏡で観察するときは，双眼実体顕微鏡をどのような場所に置くか。

解答

1 目

2 花

3 a 目
b 顔とルーペ

4 太陽
目を痛めてしまう危険がある。

5 視度調節リング

6 立体的

7 水平なところ
[直射日光の当たらない明るいところ]

ぷちトク！ ステージ上下式顕微鏡

① 接眼レンズ→対物レンズの順にとりつける。
② 横から見ながらプレパラートと対物レンズを近づける。
③ 接眼レンズをのぞいて，遠ざけながらピントを合わせる。

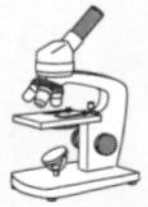

生命

2 身近な生物の観察

重要度

スケッチのしかた

★ □ **1** スケッチをするときは太い線と細い線のどちらでかくか。

□ **2** スケッチでこい色や暗い部分を表すにはどのようにかくか。

校庭周辺の生物の観察

□ **3** 次の生物の観察方法のうち，合っているものには○を，まちがっているものには×をかきなさい。

① 図や表を使ってまとめる。

② 気になったものはすべて手にとってみる。

③ 写真をとる。

□ **4** 学校周辺でミツバチやタンポポなどの観察をするときは，日当たりが良い場所と悪い場所のどちらを探せばよいか。

□ **5** ミツバチやタンポポなどの観察をするとき，地面のようすはかわいている場所と湿《しめ》っている場所のどちらを探せばよいか。

□ **6** ダンゴムシとミツバチでは，どちらのほうが日当たりが悪い場所にいるか。

解答

1 細い線

細くこい線で重ねがきせずはっきりかく。

2 細かい点を多くうつ。

ぬりつぶしたり着色してはいけない。

3 ① ○

② ×

③ ○

② 危険な生物がいることもあるので，気を付ける。

4 日当たりが良い場所

5 かわいている場所

6 ダンゴムシ

ぷちトク! スケッチのポイント

① 細い線と点でかく。重ねがきはダメ。

② 影や目的のもの以外の絵はかかない。

③ 気付いたことなどは，ことばで書く。

生命

3 花のつくり①

重要度

被子植物

解答

★ □ **1** 次の図は，被子植物《ひししょくぶつ》の花のつくりを表している。

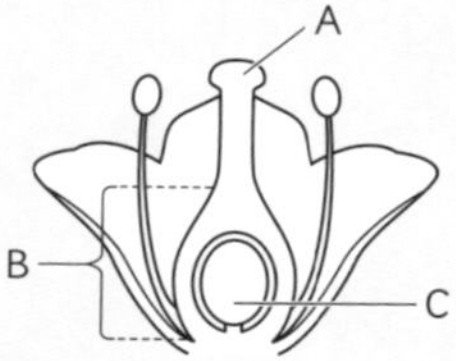

① 図のAを何というか。

② 花粉が図のAにつくことを何というか。

③ 図のBを何というか。

④ 花粉が図のAについたあと，Bは何になるか。

⑤ 図のCは何か。

⑥ 花粉が図のAについたあと，Cは何になるか。

1 ① 柱頭
② 受粉
③ 子房《しぼう》
④ 果実
⑤ 胚珠《はいしゅ》
⑥ 種子
おしべの先端《せんたん》にある，花粉の入った袋状《ふくろじょう》のつくりをやくという。

□ **2** 胚珠が子房の中にある植物を何植物というか。

2 被子植物

★ □ **3** 次のa～dを，ツツジの花のつくりの内側から外側に向かうように並べなさい。

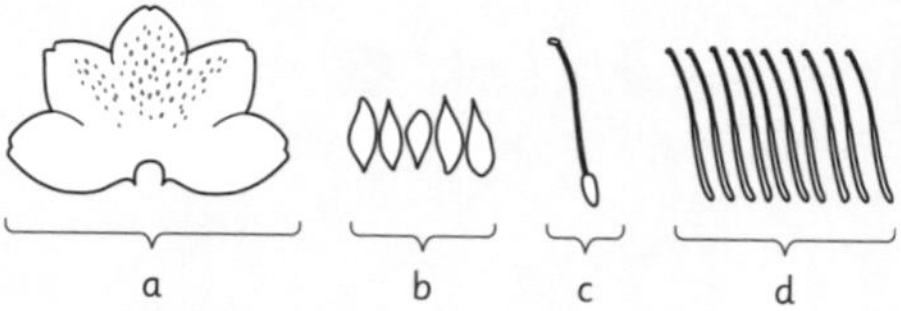

3 c→d→a→b
aは花弁，bはがく，cはめしべ，dはおしべである。

ぷちトク！ 被子植物の受粉

① 受粉すると，胚珠は種子に，子房は果実になる。

② 被子植物の例

アサガオ，アブラナ，トウモロコシ

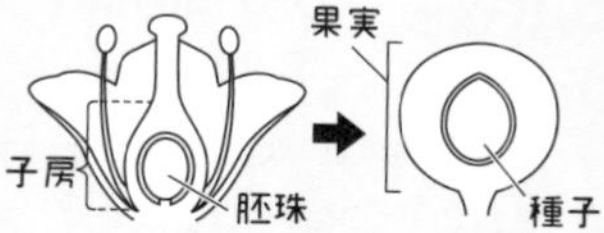

4 花のつくり②

重要度

裸子植物

□ **1** 図1はマツの花のつくりを表している。A，Bのうち，雄花《おばな》はどちらか。

図1

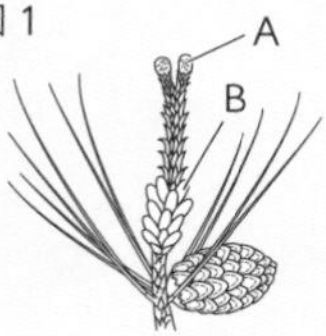

□ **2** 図2のア，イのうち，雌《め》花《ばな》のりん片《へん》はどちらか。

□ **3** 図2のCは何か。

図2

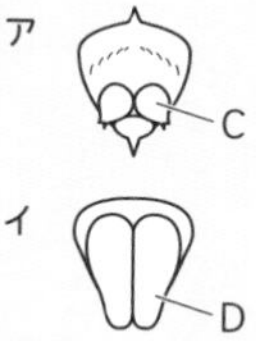

□ **4** 図2のDの花粉が入った袋《ふくろ》状のつくりを何というか。

★ □ **5** マツの花は，（　a　）がなく（　b　）がむき出しになっている。

□ **6** **5**のような植物を何植物というか。

□ **7** マツのような**6**の花粉は，何によって運ばれるか。

種子植物

□ **8** 種子をつくってふえる植物を何というか。

★ □ **9** **8**には胚珠が子房の中にある（　a　）植物と，子房がなく胚珠がむき出しになっている（　b　）植物がある。

解答

1 B

2 ア

3 胚珠《はいしゅ》

4 花粉のう

5 a 子房《しぼう》
b 胚珠

6 裸子植物《らししょくぶつ》

7 風
マツなどの花粉には空気袋がある。

8 種子植物

9 a 被子《ひし》
b 裸子

ぷちトク！ 裸子植物の受粉

① 裸子植物は，受粉すると，胚珠が種子になる。
② 裸子植物には，子房がないので，果実もできない。
③ 裸子植物の例　マツ，スギ，ソテツ

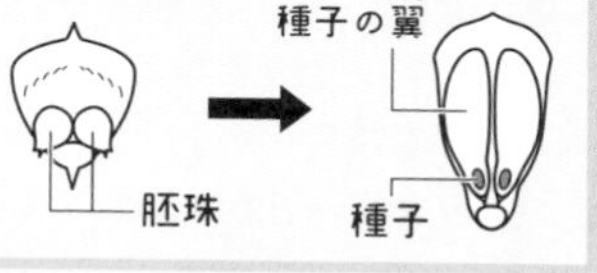

社会
理科
数学
英語
国語

生命

5 植物のからだのつくり

重要度

根・葉のつくり

解答

★ □ **1** 葉に見られるすじのようなものを何というか。

1 葉脈

□ **2** ホウセンカの葉に見られるような，網《あみ》目《め》状《じょう》の**1**を何というか。

2 網状脈《もうじょうみゃく》

□ **3** イネの葉に見られるような，平行な**1**を何というか。

3 平行脈

□ **4** アブラナの根のように，主根から枝分かれする細い根を何というか。

4 側根
主根は中心にある太い根。

□ **5** ツユクサの根のような，たくさんの細い根を何というか。

5 ひげ根

□ **6** 根の先端《せんたん》に生えている毛のようなつくりを何というか。

6 根毛

双子葉類・単子葉類

□ **7** 子葉が１枚の植物のなかまを何というか。

7 単子葉類

□ **8** 子葉が２枚の植物の葉と根のつくりは，次のア～エのうちそれぞれどれか。

ア　イ　ウ　エ

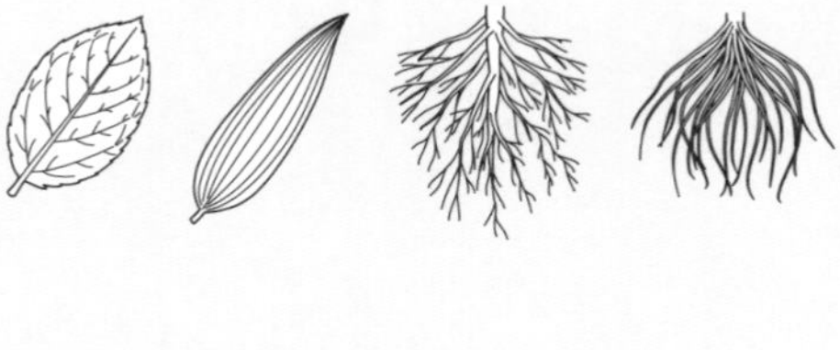

8 葉のつくり ア
根のつくり ウ
アは網状脈，イは平行脈，ウは主根と側根，エはひげ根である。

ぷちトク！ 双子葉類と単子葉類のまとめ

被子植物は，双子葉類と単子葉類に分けられる。

① 双子葉類…子葉が２枚，根は主根と側根，葉脈は網状脈

② 単子葉類…子葉が１枚，根はひげ根，葉脈は平行脈

6 胞子でふえる植物

重要度

シダ植物

★ □ 1 シダ植物は何をつくってなかまをふやすか。

□ 2 1が入っている袋《ふくろ》状のつくりを何というか。

□ 3 イヌワラビの2はどこにできるか。

□ 4 右の図のA～Dのうち，茎《くき》はどこか。

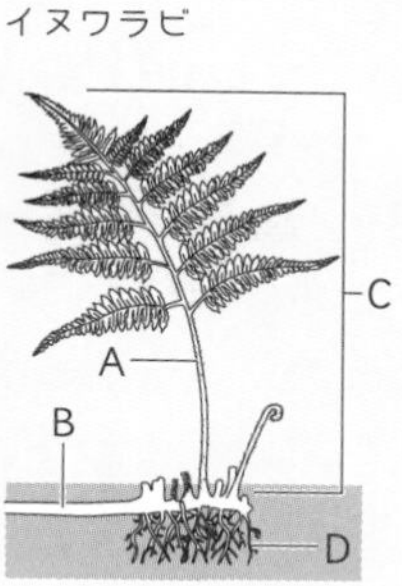

コケ植物

□ 5 コケ植物は何をつくってなかまをふやすか。

★ □ 6 右の図のア，イのうち，雌株《めかぶ》はどちらか。

□ 7 5は，右の図のB～Eのうちどこでつくられるか。

★ □ 8 右の図のAを何というか。

□ 9 右の図のAには水を吸収するはたらきがなく，岩や地面にからだを(　　　)する役割をしている。

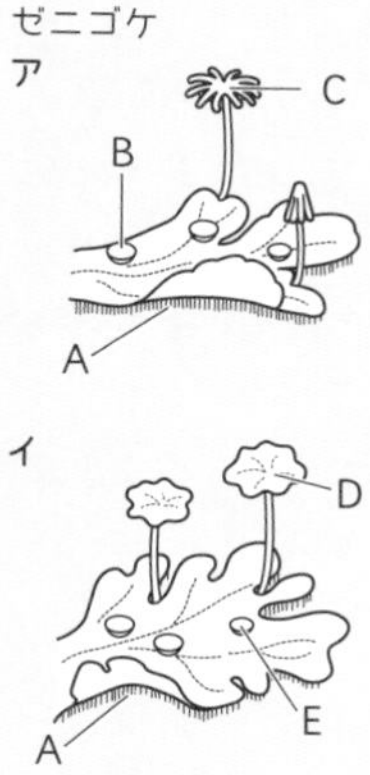

解答

1 胞子《ほうし》

2 胞子のう

3 葉の裏
シダ植物の胞子は，湿《しめ》った地面に落ちると発芽する。

4 B
地下にある茎のことを，地《ち》下茎《かけい》という。

5 胞子

6 ア
ゼニゴケやスギゴケには雌株と雄株がある。

7 C

8 仮根

9 固定
コケ植物は，シダ植物よりも乾燥《かんそう》に弱い。

ぷちトク！ シダ植物とコケ植物の特徴

シダ植物もコケ植物も胞子のうの中の胞子でふえる。

① シダ植物…根・茎・葉の区別がある。

② コケ植物…根・茎・葉の区別がない。

生命

7 植物の分類

重要度

種子植物

★ □ 1 種子植物のうち，胚珠《はいしゅ》がむき出しになっている植物を何植物というか。

□ 2 種子植物のうち，胚珠が子房《しぼう》の中にある植物を何植物というか。

★ □ 3 2のうち，子葉が1枚で，葉の葉脈が平行脈であり，根がひげ根である植物を何類というか。

★ □ 4 2のうち，子葉が2枚で，葉の葉脈が網状脈《もうじょうみゃく》であり，根は主根と側根からなる植物を何類というか。

□ 5 4のうち，花弁がくっついている花を何というか。

□ 6 4のうち，花弁が1枚1枚離《はな》れている花を何というか。

種子をつくらない植物

□ 7 胞子《ほうし》でふえる植物のうち，根・茎《くき》・葉の区別がある植物を何植物というか。

□ 8 胞子でふえる植物のうち，根・茎・葉の区別がない植物を何植物というか。

□ 9 イヌワラビとスギゴケのうち，雄株《おかぶ》と雌株《めかぶ》に分かれているのはどちらか。

解答

1 裸《ら》子《し》植物《しょくぶつ》
マツやイチョウなど。

2 被《ひ》子《し》植物《しょくぶつ》
イネやアブラナなど。

3 単子葉類
イネやユリなど。

4 双《そう》子《し》葉類《ようるい》
アサガオやアブラナなど。

5 合弁花
アサガオやツツジなど。

6 離《り》弁《べん》花《か》
アブラナやサクラなど。

7 シダ植物
イヌワラビやスギナなど。

8 コケ植物
ゼニゴケやスギゴケなど。

9 スギゴケ

ぷちトク！ 種子植物の分類

① 種子植物は，被子植物と裸子植物に分けられる。
② 被子植物は，双子葉類と単子葉類に分けられる。

生命

8 肉食動物と草食動物

重要度

目のつき方

□ **1** ほかの動物を食べる動物を何動物というか。

□ **2** 植物を食べる動物を何動物というか。

□ **3** 次の図のア，イのうち，広い範《はん》囲《い》を見わたせるのはどちらか。

ア　　イ

★□ **4** 上の図のアは（　a　）に見える範囲が広いため，ほかの動物との（　b　）をつかみやすい。

歯のつくり

★□ **5** 次の図は肉食動物と草食動物の頭の骨のようすを表している。

ア　　イ

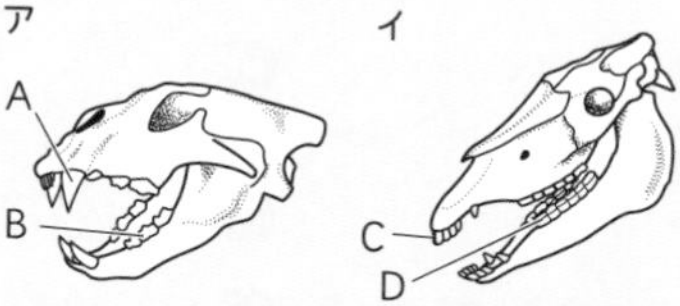

① 図のア，イのうち，肉食動物はどちらか。

② 図のA～Dの歯をそれぞれ何というか。

③ 図のA～Dのうち，獲物をしとめるのに適しているのはどれか。

解答

1 肉食動物

2 草食動物

3 イ

敵から逃げるのに有利である。

4 a 立体的

b 距《きょ》離《り》

獲《え》物《もの》をつかまえるのに有利である。

5 ① ア

② A 犬《けん》歯《し》

B 臼《きゅう》歯《し》

C 門《もん》歯《し》

D 臼歯

③ A

肉食動物は，獲物をしとめる犬歯と，肉を引き裂く臼歯が発達している。

草食動物は，植物を食いちぎる門歯と，すりつぶす臼歯が発達している。

ぷちトク！ 肉食動物と草食動物のまとめ

① 肉食動物…目が前についていて，立体的に見える範囲が広い。

② 草食動物…目が横についていて，広範囲を見わたせる。

生命

9 脊椎動物①

重要度

魚類

- □ **1** 右の図のAを何というか。

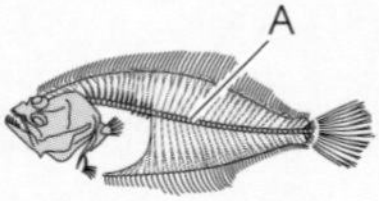

- ★ □ **2** 右の図のAをもつ動物を何動物というか。
- □ **3** 魚類はからだのどの部分で呼吸をするか。
- ★ □ **4** 親が卵を産み，その卵から子がかえる生まれ方を何というか。
- □ **5** 魚類は，殻《から》の（　a　）卵を（　b　）に産む。
- □ **6** 魚類のからだは，何でおおわれているか。

両生類

- □ **7** 両生類の子はからだのどの部分で呼吸するか。
- □ **8** 両生類の親はからだのどの部分で呼吸するか。
- □ **9** 両生類は殻のない卵を（　　　）に産む。
- □ **10** 両生類のからだの表面のようすはどのようになっているか。
- □ **11** 魚類や両生類は，乾燥《かんそう》に強いか，弱いか。
- ★ □ **12** 次のア〜オの動物のうち，両生類に分類される動物をすべて選びなさい。
  ア　ヤモリ　　イ　イモリ　　ウ　ヘビ
  エ　カメ　　オ　オオサンショウウオ

解答

1 背骨

2 脊椎動物《せきついどうぶつ》

3 えら

4 卵生

5 a ない
b 水中

6 うろこ

7 えらと皮膚《ひふ》

8 肺と皮膚

9 水中

10 湿《しめ》っている。

11 弱い

12 イ，オ
ア，ウ，エはすべては虫類である。

ぷちトク！ カエル（両生類）の特徴

① 殻のない卵を水中に産む。
② オタマジャクシ（子）…えらと皮膚で呼吸する。ひれがある。
③ カエル（親）…肺と皮膚で呼吸する。あしがある。

生命

10 脊椎動物②

重要度

は虫類

解答

□ **1** は虫類はからだのどの部分で呼吸するか。

1 肺

□ **2** は虫類は，殻《から》の（ a ）卵を（ b ）に産む。

2 a ある
b 陸上

□ **3** は虫類のからだは何でおおわれているか。

3 うろこ

鳥類

□ **4** 鳥類はからだのどの部分で呼吸するか。

4 肺

□ **5** 鳥類は，殻の（ a ）卵を（ b ）に産む。

5 a ある
b 陸上

□ **6** 鳥類のからだは何でおおわれているか。

6 羽毛

哺乳類

□ **7** 哺乳類《ほにゅうるい》はからだのどの部分で呼吸するか。

7 肺

★□ **8** 哺乳類は，母親の体内である程度育ってから子が生まれる（　　　）という生まれ方をする。

8 胎生《たいせい》

□ **9** 哺乳類のからだは何でおおわれているか。

9 毛

★□ **10** 次のア～カの動物のうち，哺乳類に分類される動物をすべて選びなさい。

ア　ネズミ　　イ　クジラ　　ウ　サメ
エ　コウモリ　オ　ペンギン　カ　カメ

10 ア，イ，エ
ウは魚類，オは鳥類，カはは虫類である。

ぷちトク！ 卵生と胎生

① 卵生…魚類，両生類，は虫類，鳥類。
水中に産む卵は殻がなく，乾燥《かんそう》に弱い。陸上に産む卵は殻があり，乾燥に強い。

② 胎生…哺乳類のみ。

生命

11 無脊椎動物

重要度

節足動物

□ **1** 背骨をもたない動物を何動物というか。

★□ **2** エビやカブトムシなどの，からだをおおうかたい殻《から》を何というか。

□ **3** **2**のつくりをもち，からだやあしに節がある動物を何動物というか。

□ **4** **3**の動物のうち，カニやエビなどを(　a　)類，カブトムシやチョウなどを(　b　)類という。

□ **5** 昆虫類は，からだが(　a　)，胸部，腹部の3つに分かれており，胸部には(　b　)対のあしがある。

□ **6** 昆虫が呼吸をするときに，気体が出入りする穴を何というか。

軟体動物

★□ **7** イカやアサリの内臓を包んでいる，筋肉でできた膜《まく》を何というか。

□ **8** イカやアサリはかたい骨がなく，からだを(　　　)で動かす。

□ **9** **7**をもち，からだやあしに節がない動物を何動物というか。

解答

1 無脊椎動物《むせきついどうぶつ》

2 外骨格
殻の内側に筋肉がある。

3 節足動物

4 a 甲殻《こうかく》
b 昆虫《こんちゅう》

5 a 頭部
b 3

6 気門

7 外とう膜

8 筋肉

9 軟体動物《なんたいどうぶつ》

ぷちトク！ 節足動物と軟体動物の呼吸のしかた

① 節足動物…昆虫類(水中・陸上で生活)…気門から空気を出し入れする。
甲殻類(ほとんど水中)…えら

② 軟体動物…水中にいるもの…えら　陸上にいるもの(マイマイ)…肺

12 動物の分類

重要度

脊椎動物

★ □ **1** 脊椎動物《せきついどうぶつ》のうち，胎生《たいせい》なのは何類か。

□ **2** 脊椎動物のうち，一生えら呼吸をするのは何類か。

□ **3** 脊椎動物のうち，子と親で呼吸のしかたが変わるのは何類か。

□ **4** 脊椎動物のうち，肺呼吸で，からだがうろこでおおわれており，陸上に殻のある卵を産むのは何類か。

□ **5** 脊椎動物のうち，からだが羽毛でおおわれているのは何類か。

無脊椎動物

□ **6** 無脊椎動物のうち，からだに節がなく内臓が外とう膜で包まれている動物を何動物というか。

★ □ **7** 無脊椎動物のうち，からだに節があり，外骨格でおおわれている動物を何動物というか。

□ **8** 次のア～エは，無脊椎動物である。

ア　ミミズ　　　イ　カマキリ

ウ　ザリガニ　　エ　マイマイ

① 節足動物はどれか。すべて選びなさい。

② 軟体動物はどれか。すべて選びなさい。

解答

1 哺乳類《ほにゅうるい》

2 魚類

3 両生類

4 は虫類

5 鳥類

哺乳類のからだは毛でおおわれている。

6 軟体動物

7 節足動物

8 ① イ，ウ

② エ

ミミズは外とう膜をもたない。

ぷちトク！ 骨格と筋肉のつき方

① 脊椎動物…背骨（内骨格）のまわりに筋肉がある。

② 無脊椎動物…節足動物…外骨格の内側に筋肉がある。

軟体動物…骨格はなく，筋肉でできた外とう膜がある。

物質

13 実験器具の使い方①

重要度

ガスバーナー

解答

□ **1** 右の図のAのねじを何というか。

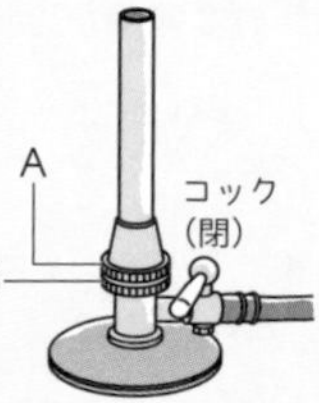

1 空気調節ねじ

□ **2** 右の図のBのねじを何というか。

2 ガス調節ねじ

★ □ **3** 次のア～エをガスバーナーに火をつける手順になるように並べかえなさい。

ア　元栓《もとせん》とコックを開く。
イ　Aのねじを開く。
ウ　A，Bのねじをかるく閉める。
エ　マッチの火を近づけて，Bのねじを開く。

3 ウ→ア→エ→イ

★ □ **4** 炎《ほのお》の色がオレンジ色のとき，（　a　）調節ねじを開いて，炎の色が（　b　）色になるようにする。

4 a 空気
b 青
空気が不足しているときの炎はオレンジ色になる。

上皿てんびん

□ **5** はかりたいものを一方の皿にのせ，もう一方の皿にはかりたいものよりも少し（　a　）と思われる（　b　）をのせる。

5 a 重い
b 分銅

□ **6** 薬品をはかるときに，上皿てんびんの皿にのせる紙を何というか。

6 薬包紙

□ **7** 上皿てんびんの針がどのようになったとき，つり合っていると判断できるか。

7 左右に等しく振《ふ》れているとき。
針が止まるまで待たなくてよい。

ぷちトク! ガスバーナーを消すときの手順

① 空気調節ねじを閉める。
② ガス調節ねじを閉める。
③ コックと元栓を閉じる。

14 実験器具の使い方②

重要度

メスシリンダー

□ **1** 右の図のア～ウのうち，目盛りを読むときの正しい目の位置はどれか。

□ **2** 右の図のメスシリンダーに入っている液体は何cm^3か。

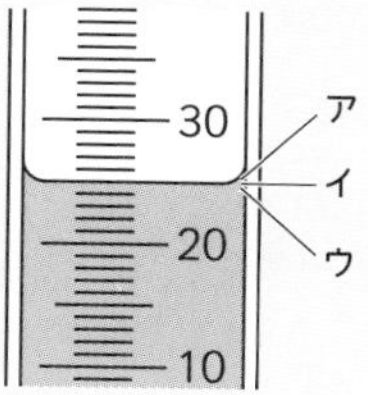

ろ過

□ **3** ろうとやろ紙などを使って，固体と液体に分けることを何というか。

□ **4** **3**によって得られた液体を何というか。

□ **5** ろうとの中にはめる紙を何というか。

□ **6** **5**の紙をろうとにはめたあと，密着させるためにかけるものは何か。

□ **7** 次のア～ウのうち，ろうとを使って実験するときの正しい方法はどれか。

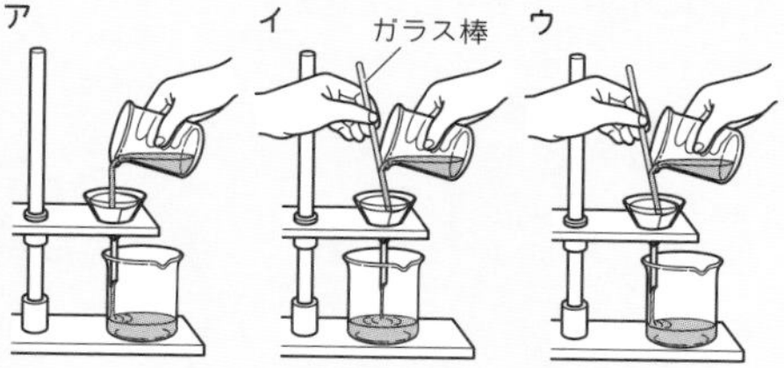

解答

1 イ
液面のへこんだ部分を真横から見る。

2 25.0 cm^3
最小目盛りの10分の1まで目分量で読む。

3 ろ過

4 ろ液

5 ろ紙

6 水

7 ウ
ろうとのあしの位置と向き，ガラス棒の有無に注意する。

ぷちトク！ ろ過の手順

① ろ紙を折ってろうとにはめ，水をかける。
② ろうとのあしの長いほうがビーカーの壁につくようにセットする。
③ ガラス棒を伝わらせながら液を入れる。

物質

15 いろいろな物質

重要度

有機物・無機物

★ □ **1** 有機物を燃やしたときに発生する気体は何か。

★ □ **2** **1**より，有機物には何がふくまれているか。

□ **3** 次のア～エのうち，有機物はどれか。

ア　炭(炭素)　　イ　砂糖

ウ　鉄　　エ　二酸化炭素

□ **4** 集気びんの中で砂糖を燃やすとびんの内側がくもるのは，何ができたからか。

□ **5** 有機物を燃やすとできる黒いものは何か。

□ **6** 有機物以外の物質を何というか。

金属・非金属

□ **7** みがくと光る金属特有のかがやきを何というか。

□ **8** 金属をたたくと広がる性質を(　a　)といい，引っ張るとのびる性質を(　b　)という。

★ □ **9** 次のア～ウのうち，金属に共通の性質をすべて選びなさい。

ア　磁石につく。　　イ　電流をよく通す。

ウ　熱をよく伝える。

□ **10** 金属以外の物質を何というか。

解答

1 二酸化炭素

2 炭素

3 イ

4 水

5 炭［炭素］

6 無機物

7 金属光沢《きんぞくこうたく》

8 a 展性
b 延性

9 イ，ウ
磁石につくのは鉄などの一部の金属の性質。

10 非金属

ぷちトク！ 金属の性質

① 金属光沢がある。

② 展性・延性がある。

③ 電流をよく通す。熱をよく伝える。

物質

16 物質の区別

重要度

いろいろな物質の性質

□ **1** ガラスでできたコップについて，コップを物体というのに対して，ガラスを何というか。

□ **2** 砂糖，食塩，かたくり粉を水にとかしたとき，水にとけないのはどれか。

★ □ **3** 燃焼さじにのせたかたくり粉を加熱し，集気びんに入れて燃焼させたあと，石灰水《せっかいすい》を入れて振《ふ》ると，石灰水はどうなるか。

★ □ **4** **3**から，かたくり粉を加熱すると何ができることがわかるか。

白い物質の見分け方

□ **5** 次のような方法でかたくり粉，食塩，砂糖を区別する。

物質	かたくり粉	A	B
燃やしたとき	燃えて炭になる	燃えない	燃えて炭になる
燃やしたあとの容器に石灰水を入れたとき	白くにごる	変化なし	C
水にとかす	とけない	とける	とける

① 表のA，Bの物質はそれぞれ何か。

② 表のCに入ることばは何か。

解答

1 物質

2 かたくり粉

3 白くにごる。

4 二酸化炭素

石灰水を用いて二酸化炭素の有無を確かめることができる。

5 ① A 食塩
B 砂糖

② 白くにごる

Bは燃やすと炭になるので，有機物である。

ぷちトク！ 白い物質の特徴

① 砂糖…水にとける。燃えると炭になる。二酸化炭素と水が発生する。

② 食塩…水にとける。燃えない。

③ かたくり粉…水にとけない。燃えると炭になる。二酸化炭素と水が発生する。

物質

17 密度

重要度

密度の求め方

解答

□ **1** 一定体積当たりの質量を何というか。

1 密度

★ □ **2** 密度＝$\dfrac{\text{物質の(　a　)〔g〕}}{\text{物質の(　b　)〔cm}^3\text{〕}}$

2 a 質量
b 体積

★ □ **3** 次の図のようにして，物体Aの体積をはかった。

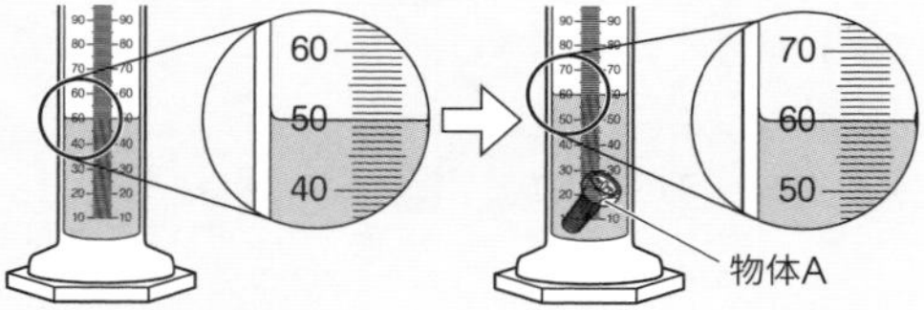

① 物体Aの体積は何 cm^3 か。

② 物体Aの質量が30 gのとき，密度はいくらか。

3 ① 10.0cm^3
物体Aを入れた体積〔cm^3〕
－水だけの体積〔cm^3〕

② 3 g/cm^3
密度＝$\dfrac{\text{質量}}{\text{体積}}$

□ **4** 物質の体積が同じとき，質量が大きいほど密度は(　　　)。

4 大きい

□ **5** 物質の質量が同じとき，体積が大きいほど密度は(　　　)。

5 小さい

□ **6** 密度は物質ごとに決まっているか，決まっていないか。

6 決まっている。

□ **7** 水銀(13.55 g/cm^3)に鉄(7.87 g/cm^3)を入れると鉄は浮《う》くか，沈《しず》むか。

7 浮く。
固体の密度＞液体の密度のとき，固体は沈む。

ぷちトク! 密度のまとめ

① 物質の体積が同じとき…質量が大きくなると，密度も大きくなる。
② 物質の質量が同じとき…体積が大きくなると，密度は小さくなる。
③ 密度は物質によって決まっている。

18 物質

気体の集め方

重要度

水上置換法

□ **1** 右の図のような気体の集め方を何というか。

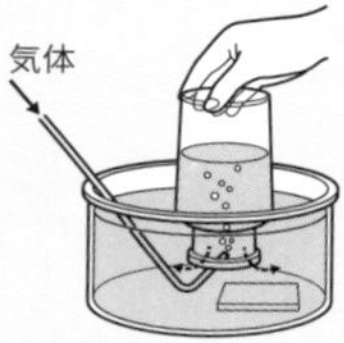

★□ **2** **1**の集め方に適している気体はどのような性質をもつか。

□ **3** 次のア～エのうち，**1**の集め方で集めるのに適している気体を2つ選びなさい。

ア　水素　　イ　塩素
ウ　アンモニア　　エ　二酸化炭素

解答

1 水上置換法《すいじょうちかんほう》

2 水にとけにくい。

3 ア，エ
塩素とアンモニアは水にとけやすい。

上方置換法・下方置換法

★□ **4** 次のア，イのうち，水にとけやすく，空気より密度が大きい気体を集めるのに適しているのはどちらか。

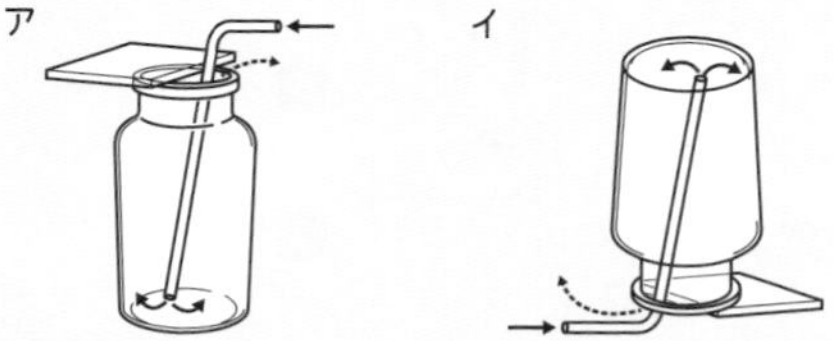

□ **5** 次のア～エのうち，上方置換法で集めるのに適している気体はどれか。

ア　アンモニア　　イ　酸素
ウ　二酸化炭素　　エ　窒素《ちっそ》

解答

4 ア
アは下方置換法，イは上方置換法。

5 ア
イ，エは水にとけにくいので水上置換法で集めるのに適している。ウは少し水にとけ，空気より密度が大きいので，下方置換法，または水上置換法で集める。

ぷちトク！ 気体の集め方

① 水上置換法…二酸化炭素，水素，窒素，酸素，ヘリウムなど。
② 上方置換法…アンモニアなど。
③ 下方置換法…二酸化炭素，硫化水素，塩化水素など。

物質

19 気体の性質①

重要度

酸素

解答

★ □ **1** 右の図の装置で酸素を発生させた。
① Aの液体は何か。
② Bの固体は何か。

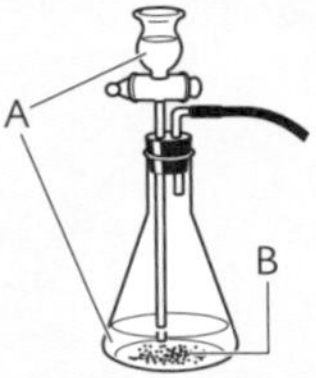

□ **2** 酸素は水にとけ(　a　)ので，(　b　)法で集める。

★ □ **3** 酸素に火のついた線香《せんこう》を入れるとどうなるか。

□ **4** 酸素にはものを燃やす性質があるか，ないか。

1 ① うすい過酸化水素水［オキシドール］
② 二酸化マンガン

2 a にくい
b 水上置換《すいじょうちかん》

3 線香が激しく燃える。

4 ある。

水素

★ □ **5** 右の図の装置で水素を発生させた。
① Aの液体は何か。
② Bの固体は何か。

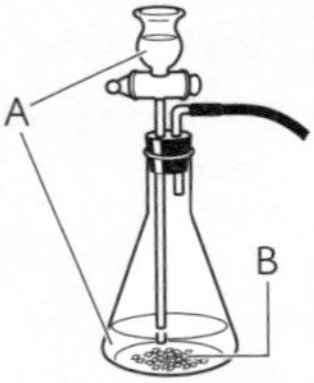

□ **6** 水素は水にとけ(　a　)ので，(　b　)法で集める。

□ **7** 次のア～ウのうち，水素にマッチの火を近づけたときのようすはどれか。
ア　火が消える。　　イ　変わらない。
ウ　ポッと音がして気体が燃える。

□ **8** 水素に火を近づけるとできる液体は何か。

5 ① うすい塩酸
② 亜鉛《あえん》，鉄など

6 a にくい
b 水上置換

7 ウ
火を近づけると空気中の酸素と爆発的な反応をする。

8 水

ぷちトク! 酸素と水素の見分け方

① 酸素…火のついた線香を入れると，線香が激しく燃える(助燃性)が，酸素自体は燃えない。

② 水素…マッチの火を近づけると，ポッと音がして水素自体が燃えて水ができる。

20 気体の性質②

重要度

二酸化炭素

★ □ **1** 右の図の装置で二酸化炭素を発生させるとき，Aの液体は何か。

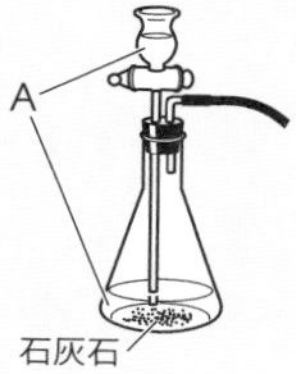

★ □ **2** 二酸化炭素を入れた試験管に石灰水《せっかいすい》を入れて振《ふ》ると，どのようになるか。

□ **3** 二酸化炭素に火のついた線香を入れるとどうなるか。

□ **4** 二酸化炭素を水にとかすと，水溶液の性質は酸性，中性，アルカリ性のどれになるか。

アンモニア

□ **5** 次のア～エのうち，混ぜて加熱するとアンモニアが発生するのはどれか。2つ選びなさい。

ア　オキシドール　　イ　塩化アンモニウム
ウ　石灰石　　　　　エ　水酸化カルシウム

□ **6** アンモニアを入れた試験管の口に水でぬらした赤色リトマス紙を近づけると何色になるか。

□ **7** アンモニアをフェノールフタレイン溶液《ようえき》に通すと何色になるか。

□ **8** アンモニアを水にとかすと，水溶液は酸性，中性，アルカリ性のどれになるか。

解答

1 うすい塩酸
二酸化炭素は無色，無臭である。

2 白くにごる。

3 火が消える。
ものを燃やす性質がない。

4 酸性
二酸化炭素が水にとけたものを炭酸水という。

5 イ，エ
アンモニアは，無色で刺激臭がある有毒な気体である。

6 青色

7 赤色

8 アルカリ性

ぷちトク！ いろいろな気体

① 塩素…黄緑色，プールの消毒のにおい，有毒，漂白作用がある。
② 窒素…空気の約78%をしめる。無色，無臭，水にとけにくく，空気より少し軽い。
③ 塩化水素…無色，刺激臭，有毒。水にとけたものは塩酸。

物質

21 水溶液①

重要度

溶質・溶媒・溶液

★ □ **1** 砂糖水の中の砂糖のように，とけているものを（　a　）といい，水のように（　a　）をとかしているものを（　b　）という。（　b　）が水のときの溶液《ようえき》を特に（　c　）という。

□ **2** 次のア～ウを，砂糖がとけていく順に並べかえなさい。

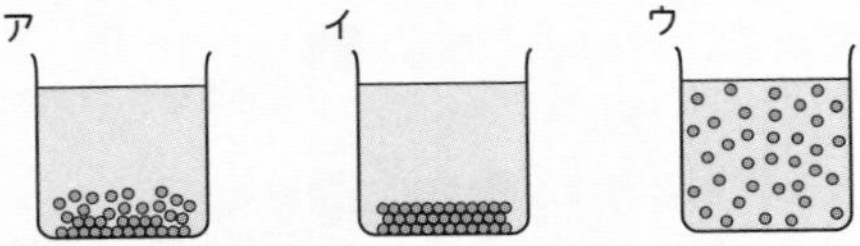

□ **3** **2**のように砂糖がとけたとき，全体のこさはどうなっているか。

□ **4** かたくり粉は水にとけるか，とけないか。

質量パーセント濃度

★ □ **5** 質量パーセント濃度《のうど》$=\dfrac{(\quad \text{a} \quad)\text{の質量〔g〕}}{(\quad \text{b} \quad)\text{の質量〔g〕}}\times 100$

$$=\frac{(\quad \text{a} \quad)\text{の質量〔g〕}}{(\quad \text{a} \quad)\text{の質量〔g〕}+(\quad \text{c} \quad)\text{の質量〔g〕}}\times 100$$

□ **6** 80 g の水に砂糖を 20 g とかしたときの質量パーセント濃度を求めなさい。

□ **7** 質量パーセント濃度が30%の砂糖水300 g に砂糖は何 g とけているか。

解答

1 a 溶質《ようしつ》
b 溶媒《ようばい》
c 水溶液

2 イ→ア→ウ
固まっていたものが，全体に広がっていく。

3 均一［同じ］になっている。

4 とけない。

5 a 溶質
b 溶液
c 溶媒

6 20%

7 90 g

ぷちトク！ 水溶液の性質

① 透明である。色がついていることもある。
② 全体のこさはどの部分も変わらない。
③ 時間がたっても，こさは変化しない。

22 水溶液②

重要度

溶解度

解答

□ **1** 溶質《ようしつ》が限度までとけている水溶液を何というか。

1 飽和水溶液

□ **2** 100 gの水にとける物質の最大の質量を何というか。

2 溶解度

再結晶

□ **3** 一度とかした物質を，結晶として再びとり出すことを何というか。

3 再結晶

★ □ **4** 下の図は，100 gの水にとける硝酸《しょうさん》カリウムの質量と水の温度の関係を表したものである。60℃の水100 gに硝酸カリウムをとけるだけとかし，20℃まで冷やすと，結晶《けっしょう》が出てきた。このとき，出てきた結晶の質量は何gか。

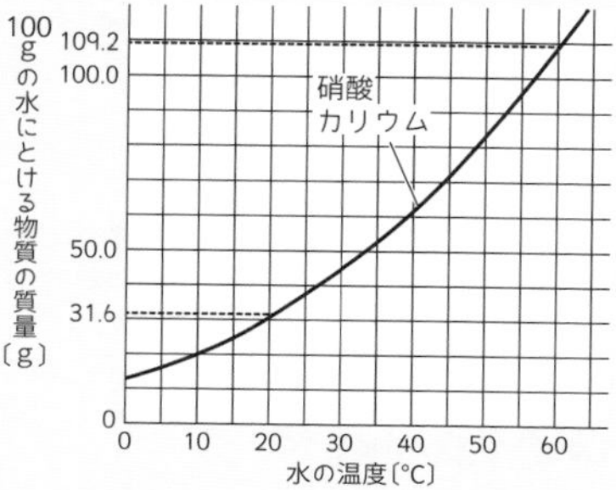

4 77.6 g
結晶の質量は，とかした溶質の質量と，20℃のときにとける質量の差で求める。

★ □ **5** 塩化ナトリウム水溶液から塩化ナトリウムの結晶をとり出すとき，どのような操作をすればよいか。

5 水溶液を加熱して水を蒸発させる。

ぷちトク！ 溶解度による再結晶の方法

① 温度による溶解度の差が大きい物質(ミョウバン，硝酸カリウムなど)
…水溶液の温度を下げる。

② 温度による溶解度の差が小さい物質(塩化ナトリウム)…加熱して，水を蒸発させる。

物質

23 状態変化①

重要度

状態変化

解答

□ **1** 固体→液体，液体→気体のように，物質が温度によって状態を変えることを何というか。

1 状態変化

★ □ **2** 固体，液体，気体と物質の状態が変化するとき，質量はどうなるか。

2 変わらない。

□ **3** 右の図のア～カの矢印のうち加熱を表しているのはどれか。すべて選びなさい。

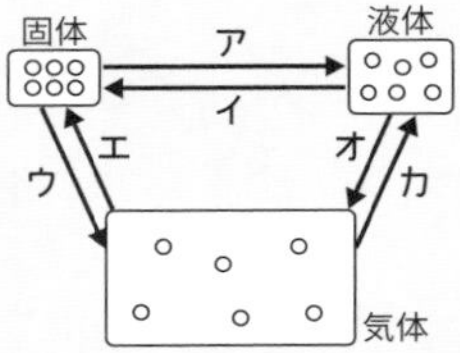

3 ア，ウ，オ
加熱と反対の矢印は冷却である。

□ **4** 固体，液体，気体のうち，粒《りゅう》子《し》の運動が最もおだやかなのはどれか。

4 固体

□ **5** 液体のエタノールを入れて密閉したポリエチレンの袋《ふくろ》に熱湯をかけると，袋はどうなるか。

5 ふくらむ。

□ **6** **5**のとき，エタノールは液体からどの状態に変化したか。

6 気体

★ □ **7** 次のア～ウのうち，液体のろうを冷やして固まらせたときのようすはどれか。

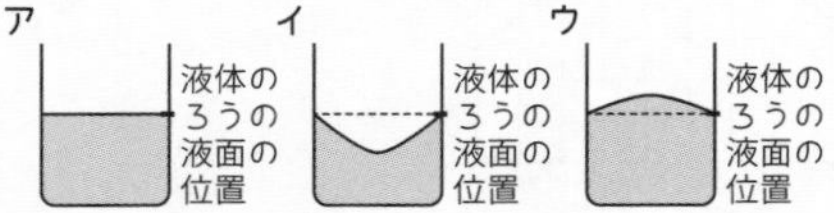

7 イ
イは体積が減っている。
ウは体積が増えている。

★ □ **8** 液体のろうと固体のろうのうち，密度が大きいのはどちらか。

8 固体のろう
質量は変わらない。

ぷちトク！ 水と氷の密度

① 水と氷の密度…氷＜水

② 氷は水に浮く。

③ 一般的な物質の密度…固体＞液体。水は例外である。

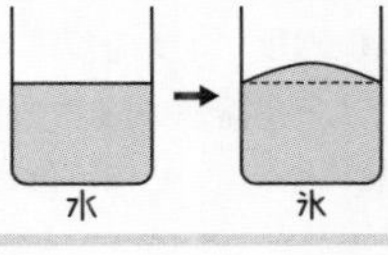

物質

24 状態変化②

重要度

水の沸点・融点

□ **1** 固体がとけて液体になるときの温度を何というか。

□ **2** 液体が沸騰《ふっとう》して気体になるときの温度を何というか。

□ **3** **1**，**2**は物質によって決まっているか，決まっていないか。

★ □ **4** 次の図は氷を加熱したときの加熱時間と温度の関係を表したグラフである。

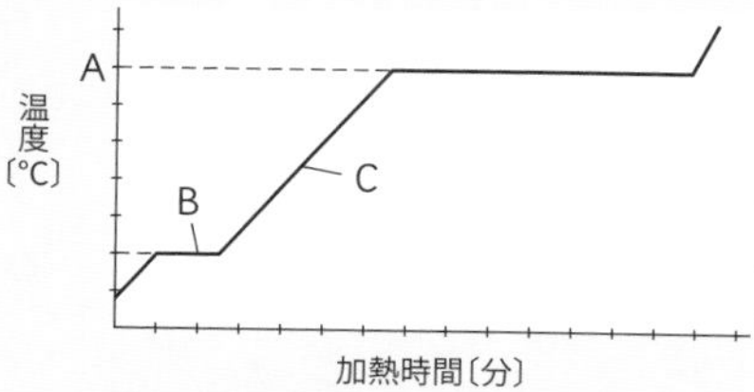

① 図のAの温度は何℃か。

② 図のB，Cのときのようすは，それぞれ次のア～エのどれか。

ア　水

イ　水と水蒸気

ウ　水蒸気

エ　氷と水

★ □ **5** 純粋な物質が固体から液体，液体から気体に変化している間の温度はどうなっているか。

解答

1 融点《ゆうてん》

2 沸点《ふってん》

3 決まっている。

4 ① 100℃

② B エ

C ア

水のような純粋な物質を加熱すると，グラフに水平なところができる。ここでは状態変化が起こっている。

5 一定になっている。

ぷちトク！ 水を加熱したときのグラフの読み方

① グラフの傾いているところ（温度が上昇）…状態変化していない。

② グラフの水平なところ（温度が一定）…状態変化している。

氷→水（氷＋水の状態），水→水蒸気（水＋水蒸気の状態）。

物質

25 蒸留

重要度

水とエタノールの混合物の蒸留

☐ **1** 水とエタノールの混合物からエタノールをとり出すとき，何のちがいを利用するか。

☐ **2** **1**の操作を何というか。

☐ **3** 右の図の装置で，水とエタノールの混合物を加熱して，出てきた液体を1本ずつ2本の試験管に集めた。

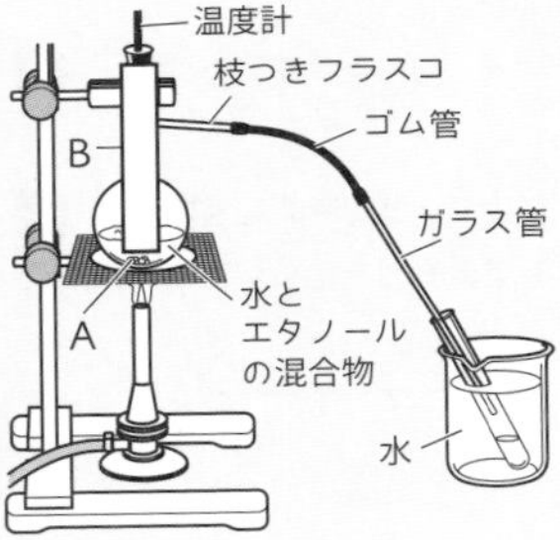

① 突沸を防ぐために入れるAを何というか。

② 次のア～エのうち，図のBに入る温度計の正しい位置はどれか。

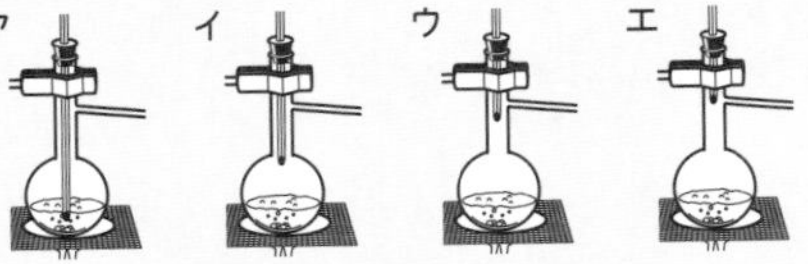

③ 試験管に集めた液体のにおいはどのようにしてかぐか。

④ 発生させた液体を集めた試験管のうち，エタノールが多くふくまれているのは1本目，2本目のどちらか。

⑤ 沸点が低いのは水とエタノールのどちらか。

解答

1 沸点《ふってん》

2 蒸留

3 ① 沸騰石《ふっとうせき》

② エ

出てきた気体の温度をはかる。

③ 手であおぐようにしてかぐ。

④ 1本目

沸点の低い物質から先に出てくる。

⑤ エタノール

エタノールの沸点は約78℃である。

ぷちトク！ 蒸留で得られたエタノールの特徴

① アルコールのにおいがする。

② 色は無色透明。　③ろ紙や脱脂綿につけて火をつけると燃える。

エネルギー

26 光の直進・反射

重要度

光の直進

	解答
□ 1 光を自ら発するものを何というか。	1 光源
□ 2 光がまっすぐ進むことを何というか。	2 (光の)直進

光の反射

★ □ 3 光が鏡などの表面に当たってはね返ることを何というか。	3 (光の)反射
□ 4 右の図で，AとBの光をそれぞれ何というか。	4 A 入射光 B 反射光

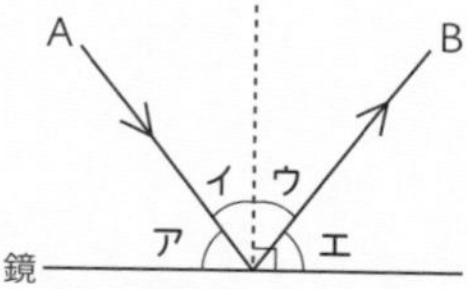

□ 5 鏡の表面に垂直な直線と入射光との角度のことを何というか。	5 入射角
□ 6 鏡の表面に垂直な直線と反射光との角度のことを何というか。	6 反射角
★ □ 7 入射角と反射角は，それぞれ上の図のア～エのどれか。	7 入射角 イ 反射角 ウ
★ □ 8 入射角と反射角の大きさは等しい。このことを何の法則というか。	8 (光の)反射の法則
□ 9 でこぼこしている面に光が入射して，さまざまな方向に反射することを何というか。	9 乱反射
□ 10 ものが見えるときには，(a)から出た光が直接目に届く場合と，光がものに(b)して目に届く場合がある。	10 a 光源 b 反射

ぷちトク! 光の直進と反射

① 光は直進する。
② 入射角と反射角は等しい。

エネルギー

27 光の屈折

重要度

光の屈折

解答

☐ **1** 光が異なる物質へ進むとき，その境界面で光が折れ曲がることを何というか。

1 （光の）屈折

☐ **2** 右の図で，Aの光のことを何というか。

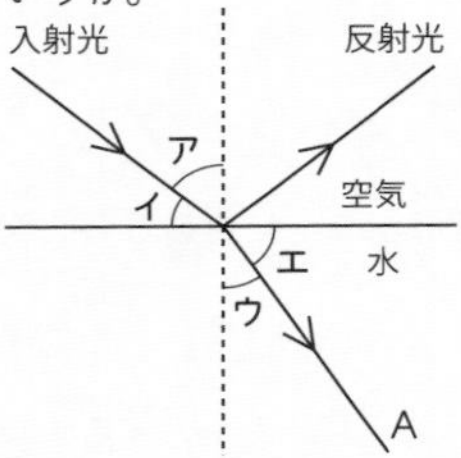

2 屈折光

☐ **3** 物質の表面に垂直な直線と屈折光との角を何というか。

3 屈折角

☐ **4** 入射角と屈折角は，それぞれ上の図のア～エのどれか。

4 入射角 ア
屈折角 ウ

光の屈折と光の進み方

☐ **5** 光が一定以上の入射角でガラスなどから空気中へ進むときに，すべての光が反射するようになる現象を何というか。

5 全反射
光ファイバーはこの性質を利用している。

☐ **6** 次の図において，光の進む道すじは，それぞれア～ウのどれか。

①

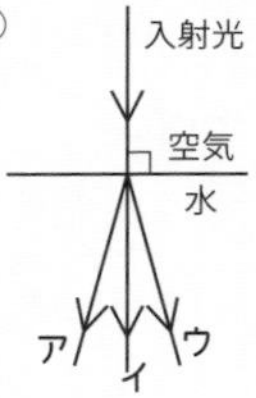

②

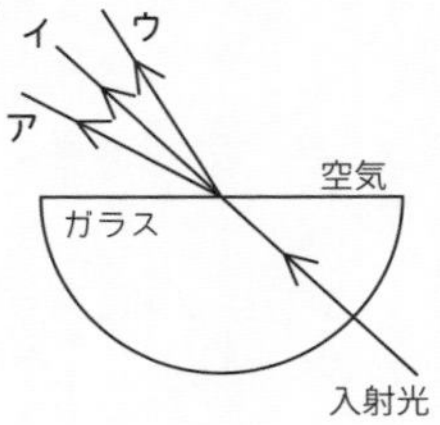

6 ① イ
② ア
①物質の境界面に垂直に入射した光は直進する。

ぷちトク！ 光の屈折

① 光が空気中から水やガラス中に進むとき，入射角＞屈折角

② 光が水やガラス中から空気中に進むとき，入射角＜屈折角

③ 入射角や屈折角は，物質の境界面に垂直な直線との角度で考える。

エネルギー

28 凸レンズと光

重要度

凸レンズ

解答

★ □ 1 凸レンズの光軸に平行に入った光が凸レンズで屈折して集まる点のことを何というか。

★ □ 2 凸レンズの中心から1の点までの距離のことを何というか。

凸レンズと光の進み方

□ 3 凸レンズの光軸に平行に入った光が進む道すじは，次のア，イのどちらか。

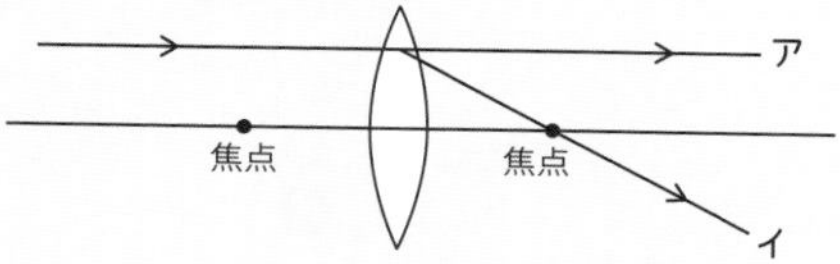

□ 4 凸レンズの中心に入った光が進む道すじは，次のア～ウのどれか。

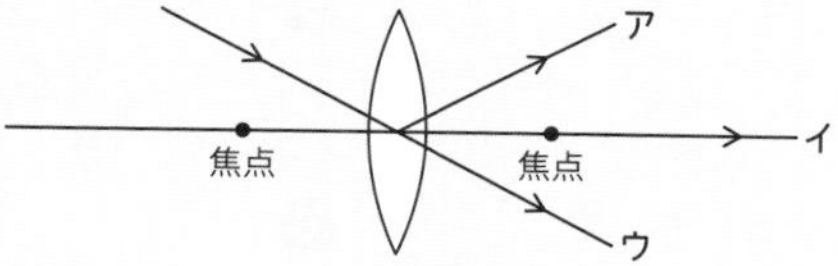

□ 5 焦点を通って凸レンズに入った光が進む道すじは，次のア～ウのどれか。

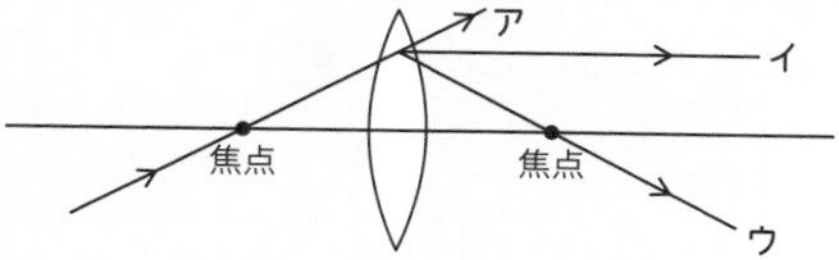

解答

1 焦点

2 焦点距離
凸レンズのふくらみが大きいほど焦点距離は短い。

3 イ

4 ウ

5 イ

ぷちトク！ 凸レンズと光

① 凸レンズの光軸に平行に入った光は，焦点を通る。
② 凸レンズの中心を通った光は，直進する。
③ 焦点を通って凸レンズに入った光は，光軸に平行に進む。

エネルギー

29 凸レンズによってできる像

重要度

焦点距離より遠い位置に物体を置くとき

解答

□ **1** スクリーンに映る像を何というか。

1 実像

★□ **2** **1**の像は，物体と上下左右の向きが(　　　)である。

2 反対［逆］

□ **3** 物体を次の図の①(焦点距離の2倍より遠い位置)に置くとき，できる像の位置は，焦点距離の2倍より(　a　)く，大きさは物体より(　b　)。

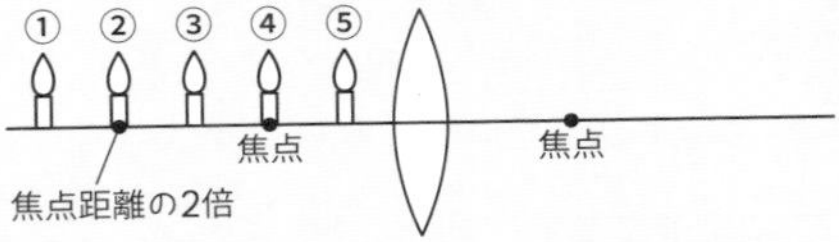

3 a 近
b 小さい

★□ **4** 物体を**3**の図の②(焦点距離の2倍の位置)に置くとき，像は焦点距離の2倍の位置にでき，大きさは物体と(　　　)になる。

4 同じ(大きさ)

□ **5** 物体を**3**の図の③(焦点距離の2倍より近い位置)に置くとき，できる像の位置は，焦点距離の2倍より(　a　)く，大きさは物体より(　b　)。

5 a 遠
b 大きい

□ **6** 物体を**3**の図の④の焦点の位置に置くと，像はできるか。

6 できない。

焦点距離より近い位置に物体を置くとき

★□ **7** 物体を**3**の図の⑤の位置に置き，凸レンズを通して物体を見たときに見える像を何というか。

7 虚像
虚像は実際に光が集まってできた像ではないので，スクリーンには映らない。

ぷちトク！ 物体を置く位置と像の関係

① 焦点距離の2倍の位置→焦点距離の2倍の位置に実物と同じ大きさの実像ができる。

② 焦点距離より近い位置→物体より大きい虚像が凸レンズを通して見える。

エネルギー

30 音の伝わり方

重要度

音が伝わるようす

★ □ **1** 音を出しているものを何というか。

□ **2** 音は，空気や水中を（　　　）として伝わる。

□ **3** 音を鳴らしたおんさをさわったときのようすはどのようになっているか。

□ **4** 同じ高さの音を出すおんさA，Bを用意した。

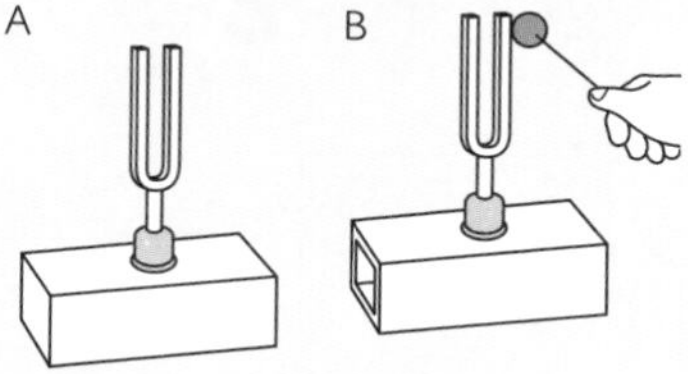

① 上の図で，おんさBだけをたたいたとき，おんさAはどうなるか。

② 上の図で，おんさBだけをたたいて数秒したあと，おんさBを手でにぎった。このときおんさAはどうなるか。

③ 上の図で，おんさAとおんさBの間に板を置いて，おんさAだけをたたいたとき，おんさBの音の鳴り方は，①とくらべてどのようになるか。

□ **5** 次のア～ウのうち，音が伝わらないのはどれか。
ア　海水中　　イ　金属中　　ウ　真空中

解答

1 音源［発音体］

2 波

3 振動している。

4 ① 音が鳴る。
共鳴という現象が起こる。
② 音が鳴り続ける。
③ 小さくなる。
おんさの間に板があると，おんさAからの空気の振動が伝わりにくくなる。

5 ウ

ぷちトク！ 音の伝わる速さ

① 音の速さ＝音が伝わる距離〔m〕÷音が伝わる時間〔秒〕
② 物質による音の伝わる速さ　空気中（気体）＜液体＜固体

エネルギー

31 音の性質

重要度

オシロスコープ

解答

□ **1** 音の波形を表す右の図のAを何というか。

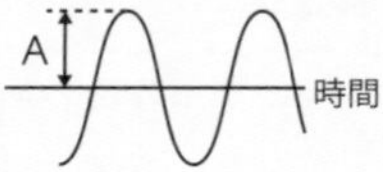

□ **2** 1秒間に弦《げん》が振動する回数を何というか。

□ **3** 1秒間に500回振動する弦の振動数は何Hzか。

□ **4** 次のア～ウはオシロスコープで見た音の波形である。

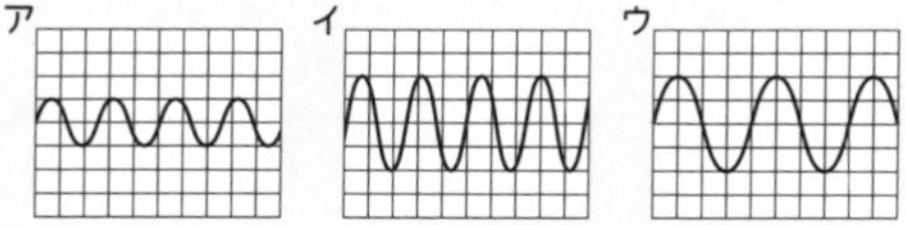

① 図のア～ウのうち，最も小さい音はどれか。
② 図のア～ウのうち，音の高さが等しいのはどれとどれか。

1 振幅

2 振動数
単位はヘルツ（Hz）。

3 500Hz

4 ① ア
振幅が小さいほど，音は小さい。
② ア，イ
振動数が等しいとき，同じ高さの音となる。

モノコード

□ **5** モノコードを使ってより大きい音を出すには，どうすればよいか。

□ **6** モノコードを使ってより高い音を出すには，弦の長さをどうすればよいか。

□ **7** モノコードを使ってより高い音を出すには，弦の張り方をどうすればよいか。

5 （弦を）強くはじく。
振幅が大きくなる。

6 短くする。
振動数が多くなる。

7 強くする。
振動数が多くなる。

ぷちトク！ 振動数と音の高さ

① **振動数**…1秒間に振動する回数。振動数が多いほど音は高くなる。
② モノコードの音が高くなるのは，弦を強く張ったり，弦を細くしたり，弦の長さを短くしたとき。

エネルギー

32 力のはたらき

重要度

力がはたらくようす

★ □ **1** 力のはたらきには次の3つがある。

① 物体の形を(　　　)。

② 物体の(　　　)を変える。

③ 物体を(　　　)。

□ **2** 机の上に置かれた物体が動かないとき，物体には力がはたらいて(　　　)。

□ **3** 次の図1～3は，人から物体に力がはたらいているときのようすである。

図1

図2

図3

① 図1～3のうち，人が物体の動きを変えているのはどれか。

② 図2は，人から物体に力がはたらくことによって，物体の形が変わっている。次のア～ウのうち，図2と同じはたらきをしているものはどれか。

ア

イ

ウ

解答

1 ① 変える
② 動き
③ 支える

2 いる

3 ① 図3
② ア
アは棒の形が変形している。イはボールの動きが変わっている。ウは手でバーベルを支えている。

ぷちトク！ 力のはたらき

① 物体の形を変える…ラケットで打つとボールが平たくなる。

② 物体の動きを変える…打ったボールの速さと向きが変わる。

③ 物体を支える…手でラケットを持つ。

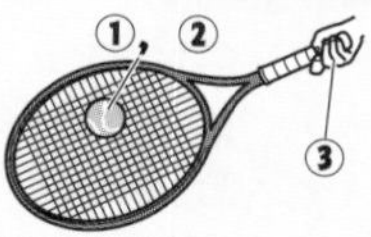

エネルギー

33 いろいろな力

重要度

物体が接しているときにはたらく力

解答

★ □ 1 ゴムをのばしたときに，もとに戻ろうとする性質を何というか。

1 弾性

□ 2 1のときに生じる力を何というか。

2 弾性力［弾性の力］

□ 3 右の図のように，輪ゴムに消しゴムをひっかけて飛ばすとき，より遠くに消しゴムが飛ぶのは，ア，イのどちらか。

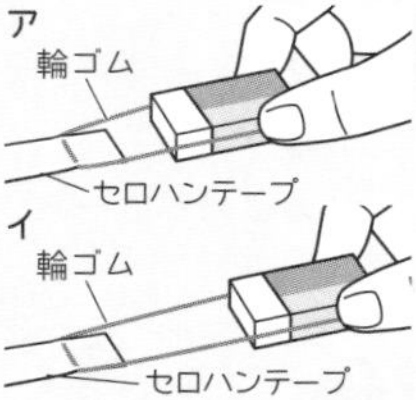

3 イ
輪ゴムを大きくのばすほど，戻ろうとする力も大きい。

□ 4 物体どうしが接する面で，運動を妨《さまた》げるようにはたらく力を何というか。

4 摩擦力
運動の向きと逆向きの力。

□ 5 物体が面をおすとき，面から物体に垂直にはたらく力を何というか。

5 垂直抗力

物体が離れていてもはたらく力

□ 6 磁石どうしを近づけたときに引き合ったりしりぞけ合ったりする力を何というか。

6 磁力［磁石の力］

□ 7 電気がたまっている物体に生じる力を何というか。

7 電気力［電気の力］

★ □ 8 地球が，地球上のすべてのものを地球の中心に向かって引く力を何というか。

8 重力

□ 9 物体にはたらく8の大きさのことを何というか。

9 重さ

ぷちトク！ 力の種類

- 接している物体にはたらく力…弾性力(弾性の力)，摩擦力，垂直抗力
- 離《はな》れている物体にもはたらく力…磁力(磁石の力)，電気力(電気の力)，重力
- 重さは物体にはたらく重力の大きさで単位はN。gやkgは質量の単位。

エネルギー

34 力のはかり方，ばねののび

重要度

ばねののび，フックの法則

★ □ 1 ばねを大きな力で引くとばねののびはどうなるか。

□ 2 ばねののびは，ばねを引く力の大きさに（ a ）する。これを（ b ）の法則という。

□ 3 次のア～ウのうち，ばねを引く力の大きさとばねののびの関係を表したグラフはどれか。

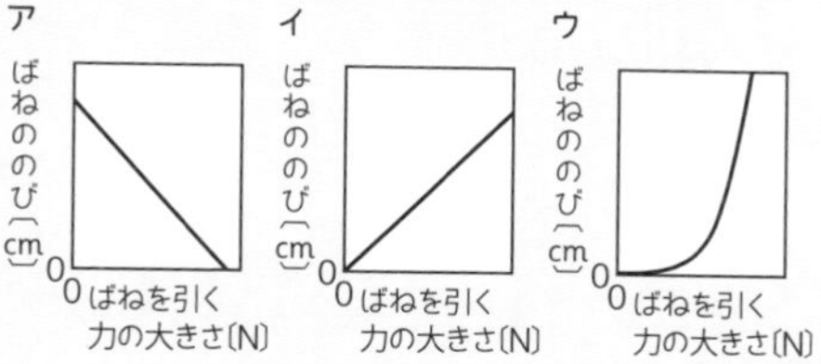

重さと質量

□ 4 力の大きさの単位を（ a ）といい，記号は（ b ）で表す。

★ □ 5 場所によって変わらない物質そのものの量を（ a ）といい，記号は（ b ）で表す。

□ 6 地球上で重さが6Nの物体は，月面上では約何Nになるか。

□ 7 地球上で600 gの物体は，月面上で測定すると，何gになるか。

解答

1 大きくなる。

2 a 比例
b フック

3 イ
原点を通る直線になる。

4 a ニュートン
b N

5 a 質量
b g［kg］

6 約1N

7 600 g
上皿てんびんなどで測定する。

ぷちトク！ フックの法則

① 力の大きさが2倍，3倍，…になると，ばねののびも2倍，3倍，…になる。
このとき，ばねののびは力の大きさに比例する。これを，フックの法則という。

② ばねののびとばねを引く力の関係を表すグラフは原点を通る直線→比例

エネルギー

35 力の表し方

重要度

力を矢印で表す方法

□ **1** 次の図は物体を手でおしているようすである。

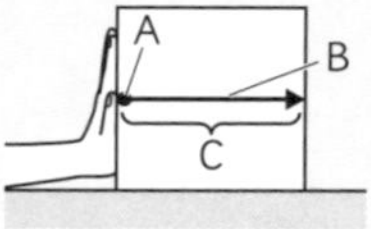

① 図のA～Cのうち，作用点はどれか。

② 図のA～Cのうち，力の大きさはどれか。

③ 図のA～Cのうち，力の向きはどれか。

□ **2** 次の図のように力を矢印で表した。

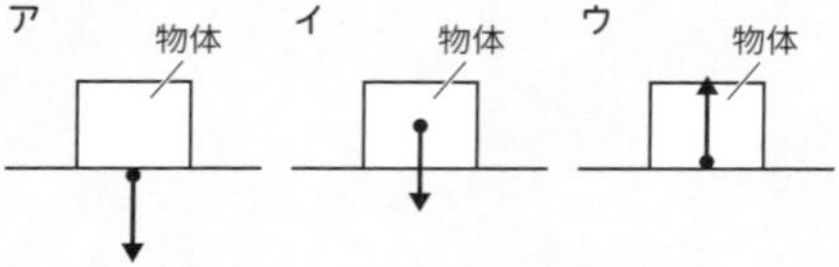

① 図のア～ウのうち，物体にはたらく重力を表しているのはどれか。

② 図のア～ウのうち，物体にはたらく垂直抗力を表しているのはどれか。

□ **3** 右の図は，壁を20 Nの力でおすときの力を矢印を使って表したものである。

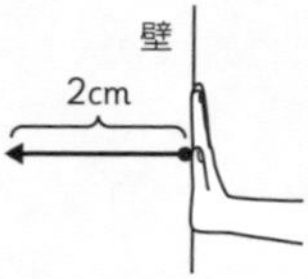

① 壁をおす力を40 Nにすると，矢印の長さは何cmか。

② 矢印の長さが5cmのとき，壁をおす力は何Nか。

解答

1 ① A
② C
③ B
手のひら全体でおしているが，力を代表させた１本の矢印で表す。

2 ① イ
重力は物体のすべての部分にはたらいているが，物体の中心を作用点として１つの矢印で表す。
② ウ

3 ① 4cm
② 50N

ぷちトク！ 力を表す手順

① 作用点を「・」で示す。

② 矢印を作用点から力がはたらく向きにかく。

③ 矢印の長さを力の大きさに比例させる。

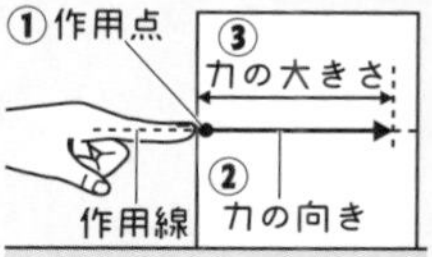

36 力のつり合い

重要度

2力のつり合い

☐ **1** 物体に2つ以上の力がはたらいていて，物体が動かないとき，力は(　　　)という。

☐ **2** 次の3つの条件を満たしたとき，力はつり合っているという。

① 2力の大きさは(　　　)。

② 2力の向きは(　　　)である。

③ 2力は(　　　)上にある。

☐ **3** 次のア～オのうち，2力がつり合っているものをすべて選びなさい。

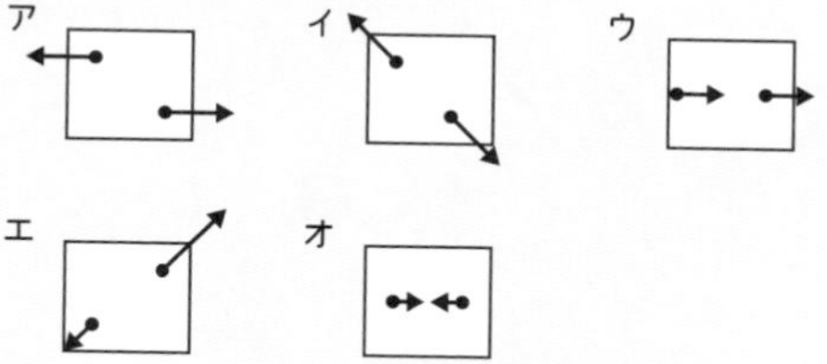

☐ **4** 次の図のア～ウのうち，つり合う2力はどれか。それぞれ2つずつ選びなさい。

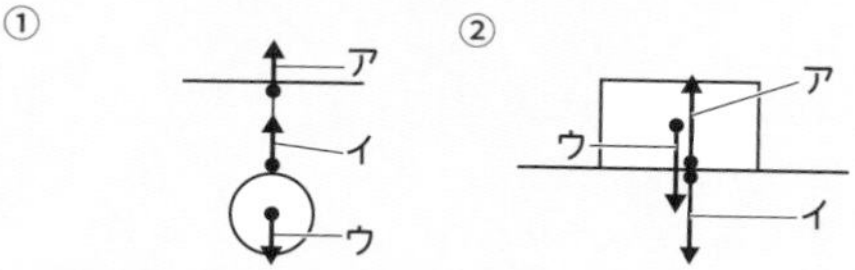

☐ **5** 力がつり合うとき，2力は(　　　)つの物体にはたらいている。

解答

1 つり合っている

2 ① 等しい

② 逆［反対］

③ 一直線

1つでも成り立たないと物体は動き出す。

3 イ，オ

2力の大きさ，向き，位置について，つり合う条件を満たすかを確認していく。

4 ① イ，ウ

アは天井が糸を引く力，イは糸が物体を引く力，ウは重力。

② ア，ウ

アは垂直抗力，イは物体が床をおす力，ウは重力。

5 1

ぷちトク！ つり合う2力の関係にあるもの

① 垂直抗力と重力

② 摩擦力と物体を引く力

③ 重力と糸が物体を引く力

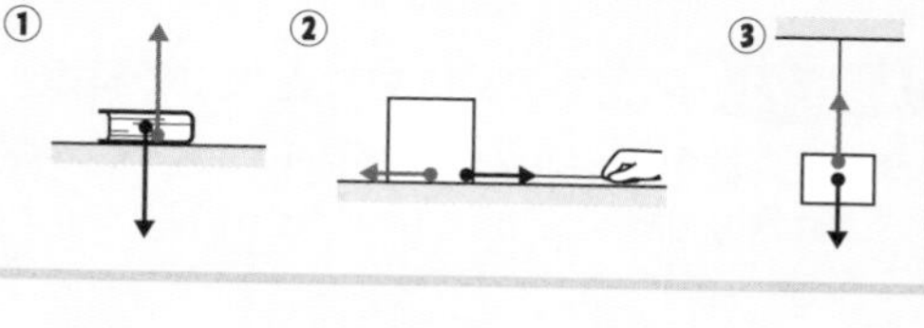

地球

37 火山とマグマ

重要度

火山噴出物

解答

□ **1** 地下深くにある岩石が，高温でどろどろにとけたものを何というか。

□ **2** **1**が噴火《ふんか》によって，地表に流れ出たものを何というか。

□ **3** 噴火でふき出され，風で遠くまで運ばれる小さな粒を何というか。

□ **4** 火山ガスの成分のうち，最も多いものは何か。

★ □ **5** **2**～**4**のような，火山の噴火によって噴出するものを何というか。

1 マグマ

2 溶岩《ようがん》

3 火山灰

4 水蒸気

5 火山噴出物

火山の形と特徴

★ □ **6** 次のア～ウのように，火山の形を3つに分けた。

ア　イ　ウ

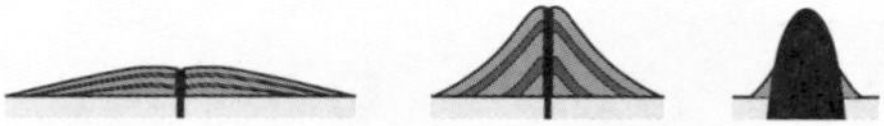

① 図のア～ウのうち，マグマのねばりけが最も大きいものはどれか。

② 図のア～ウのうち，最も黒っぽい岩石となる溶岩を出すものはどれか。

③ 図のア～ウのうち，最も爆発的な噴火をするものはどれか。

6 ① ウ

ねばりけの大きいマグマは流れにくい。

② ア

マグマのねばりけが大きい岩石は白っぽく，マグマのねばりけが小さい岩石は黒っぽい。

③ ウ

ぷちトク！ マグマのねばりけと火山の特徴

① ドーム形の火山は，マグマのねばりけが大きく，爆発的な噴火をする。

② 傾斜がゆるやかな火山は，マグマのねばりけが小さく，おだやかな噴火をする。

38 地球 火成岩

重要度

火山岩と深成岩

解答

□ **1** マグマが冷えて固まってできた岩石を何というか。

1 火成岩

★ □ **2** **1**の岩石のうち，地表や地表付近で急に冷えて固まったものを何というか。

2 火山岩

□ **3** 右の図は**2**のつくりを表している。この岩石のつくりを何というか。

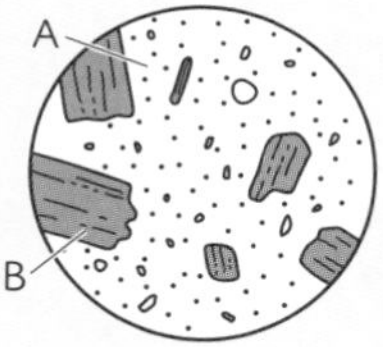

3 斑状《はんじょう》組織

□ **4** 右の図のA，Bはそれぞれ何か。

4 A 石基
B 斑晶

★ □ **5** **1**の岩石のうち，マグマが地下深くでゆっくり冷えて固まったものを何というか。

5 深成岩

□ **6** 右の図は，**5**の岩石のつくりである。このつくりを何というか。

6 等粒状《とうりゅうじょう》組織
同じくらいの大きさの粒が組み合わさっている。

鉱物

□ **7** マグマが冷えてできた粒のうち，結晶《けっしょう》になったものを何というか。

7 鉱物

★ □ **8** **7**のうち，石英や長石のような白っぽいものを（　a　）といい，黒雲母《くろうんも》や輝石のような黒っぽいものを（　b　）という。

8 a 無色鉱物
b 有色鉱物

ぷちトク！ 火成岩

① 火山岩…マグマが地表や地表付近で急に冷えて固まってできる。斑状組織（石基，斑晶）
② 深成岩…マグマが地下深くでゆっくり冷えて固まってできる。等粒状組織

地球

39 火山と火成岩

重要度

火成岩と鉱物の特徴

★ □ **1** 火山岩に分類される岩石を3つ答えよ。

□ **2** **1**のうち，黒雲母を最も多くふくむ岩石を答えよ。

□ **3** **1**のうち，もととなったマグマのねばりけが小さい岩石を答えよ。

★ □ **4** 深成岩に分類される岩石を3つ答えよ。

□ **5** **4**のうち，最も黒っぽい岩石を答えよ。

□ **6** 次の図は，火成岩と鉱物についてまとめたものである。図のAの岩石を何というか。

火山岩	A	安山岩	流紋岩
深成岩	斑れい岩	せん緑岩	花こう岩

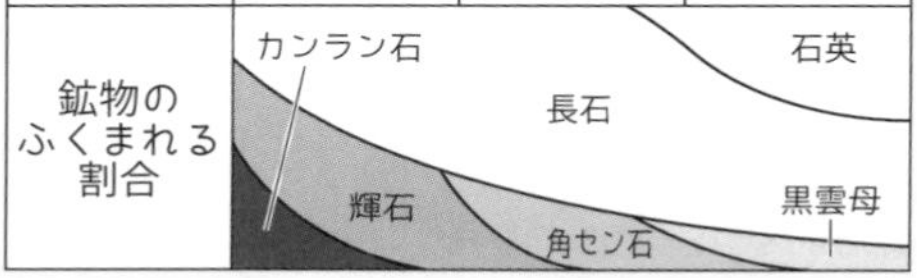

□ **7** 次のア～ウのうち，**6**の図のAが見られる火山はどれか。

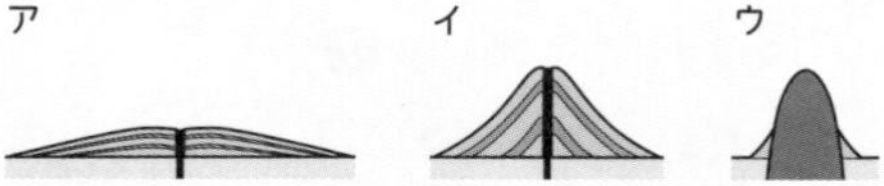

解答

1 玄武《げんぶ》岩，安山岩，流紋岩

2 流紋岩

3 玄武岩

4 斑《はん》れい岩，せん緑岩，花こう岩

5 斑れい岩

6 玄武岩

7 ア
マグマのねばりけが小さい。

ぷちトク！ 火山岩と深成岩のつくり

① 火山岩（斑状組織）…（黒っぽい）玄武岩→安山岩→流紋岩（白っぽい）

② 深成岩（等粒状組織）…（黒っぽい）斑れい岩→せん緑岩→花こう岩（白っぽい）

地球

40 地震の発生と伝わり方

重要度

地震の発生した場所

□ **1** 地下の岩石が最初に破壊されて，地震が発生した場所を何というか。

□ **2** **1**の真上に位置する地表の地点を何というか。

地震の伝わり方

□ **3** 地震が発生したとき，はじめにくる小さなゆれを何というか。

□ **4** **3**を伝える波を何というか。

□ **5** 地震が発生したとき，あとからくる大きなゆれを何というか。

□ **6** **5**を伝える波を何というか。

★ □ **7** **3**が始まってから，**5**が始まるまでの時間を何というか。

★ □ **8** **7**は震源からの距離が遠いほどどうなるか。

★ □ **9** 次の図で，地震が始まった時刻は何時何分何秒か。

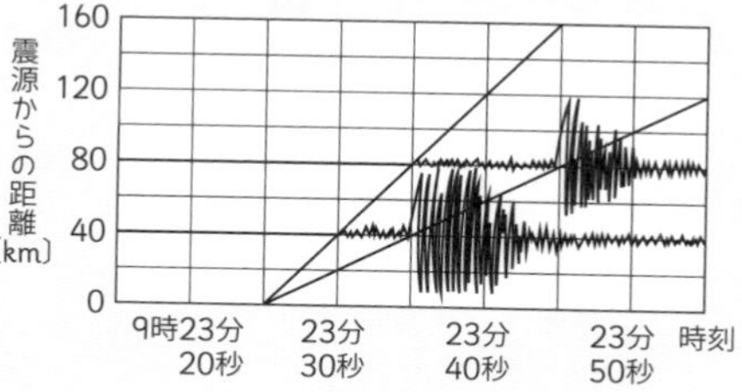

解答

1 震源

2 震央

3 初期微動

4 P波

5 主要動

6 S波

7 初期微動継続時間
P－S時間ともいう。

8 長くなる。

9 9時23分25秒
P波とS波が届いた時刻をそれぞれ結んだグラフの交点が地震発生時刻である。

ぷちトク！ 地震の問題を解くポイント

- 初期微動継続時間＝S波が到着した時刻－P波が到着した時刻
- 初期微動継続時間は震源からの距離に比例する。

地球

41 地震が起こるしくみ

重要度

震度とマグニチュード

解答

☐ **1** 地震のゆれの大きさを表す階級を何というか。
1 震度

☐ **2** ❶は，日本では何段階で示されるか。
2 10段階

☐ **3** 地震の規模の大小を表す指標を何というか。
3 マグニチュード

地震のしくみ

★ ☐ **4** 地球をおおっている，厚さ100kmほどの十数枚の岩盤を何というか。
4 プレート

★ ☐ **5** 右の図で，海側の❹は，ア，イのどちらの向きに動くか。
5 イ

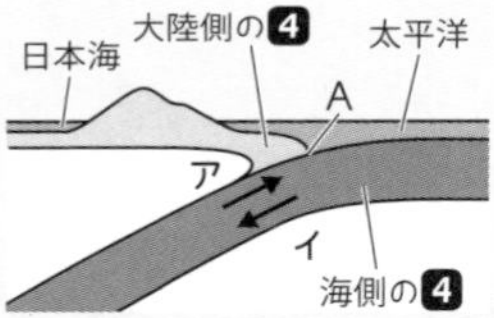

☐ **6** 右の図のようにして，大陸側の❹と海側の❹の間にできる深い溝のようになっているAを何というか。
6 海溝

☐ **7** 上の図で，地震は，(　　　)の❹がもとに戻ろうとすることで起こる。
7 大陸側

☐ **8** 震源の浅い地震は，太平洋側と日本海側のどちらのほうが多いか。
8 太平洋側

☐ **9** ❼のようにして起こる地震を何型地震というか。
9 海溝型地震
内陸で起こる地震は内陸型地震という。

☐ **10** 海底に震源がある地震で，海底が急激に動くことで生じる波を何というか。
10 津波

ぷちトク！ 海溝型地震のしくみ

① 海洋プレートが大陸プレートの下に沈《しず》みこむ。
② 大陸プレートが引きずりこまれて，ひずむ。
③ ひずみが限界に達すると，大陸プレートがはね上がる。→地震発生

42 大地の変動

隆起，沈降，しゅう曲

□ **1** 地震などによって，大地がもち上がることを何というか。

1 隆起

□ **2** 地震などによって，大地が沈《しず》むことを何というか。

2 沈降

□ **3** 大地に力がはたらいて，波打ったようにおし曲げられたものを何というか。

3 しゅう曲

★ □ **4** **3**は，次のア～ウのうちどの向きに力がはたらいてできるか。

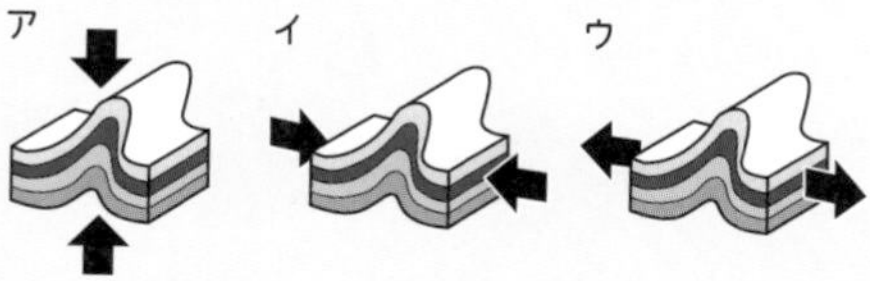

4 イ
おし縮める力がはたらく。

□ **5** 大地の隆起と波の侵食によって海岸近くにできる，階段状の地形を何というか。

5 海岸段丘
川にできるものは，河岸段丘という。

断層

★ □ **6** 大きな力によって大地が割れてできた地層のずれを何というか。

6 断層

□ **7** **6**のうち，かつて地震を引き起こしており，将来も地震を引き起こす可能性があるものを何というか。

7 活断層

ぷちトク！ 大地の変動

① 隆起…地震などによって，大地がもち上がること。
② 沈降…地震などによって，大地が沈むこと。
③ しゅう曲…大地に力がはたらいて，波打ったようにおし曲げられたもの。

地球

43 地層のでき方

重要度

地層のでき方

解答

★ □ **1** 岩石が太陽の熱や風雨などでぼろぼろになってくずれていくことを何というか。

1 風化

□ **2** 流れる水のはたらきで，岩石などがけずられることを何というか。

2 侵食《しんしょく》
川の上流でよく起こる。

□ **3** 流れる水のはたらきで，けずられてできた土砂が運ばれることを何というか。

3 運搬《うんぱん》

□ **4** 流れる水のはたらきで，運ばれてきた土砂が積もることを何というか。

4 堆積《たいせき》
川の下流でよく起こる。

□ **5** 河口付近で，流れてきた土砂などが積もってできる三角形の地形を何というか。

5 三角州

地層のつくり

□ **6** れき，砂，泥《どろ》は粒の何で区別されるか。

6 大きさ

□ **7** れき，砂，泥のうち，粒の大きさが最も小さいのは何か。

7 泥

□ **8** れき，砂，泥のうち水中に入れたときに最もはやく沈《しず》むのは何か。

8 れき

□ **9** 次の図のA～Cのうち，最も粒が小さいのはどれか。

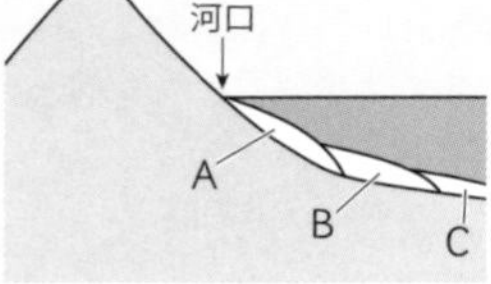

9 C
粒が小さいほど河口から遠くに運ばれる。

ぷちトク！ れき・砂・泥のちがい

① 粒の大きさ…(大)れき→砂→泥(小)

② 沈むはやさ…(はやい)れき→砂→泥(遅い)

③ 堆積する場所…(海岸)れき→砂→泥(沖)

44 堆積岩の種類

重要度

いろいろな堆積岩

解答

★ □ **1** 海底や湖底に積もったものが，長い年月をかけて固まった岩石を何というか。

1 堆積岩

□ **2** 次のア～オのうち，**1**はどれか。すべて選びなさい。

ア れき岩　　イ 花こう岩　　ウ 石灰岩
エ チャート　　オ 凝灰《ぎょうかい》岩

2 ア，ウ，エ，オ

□ **3** れき岩，砂岩，泥《でい》岩のうち，粒の大きさが最も小さいものはどれか。

3 泥岩

□ **4** 次のア，イのうち，れき岩はどちらか。

ア　　イ

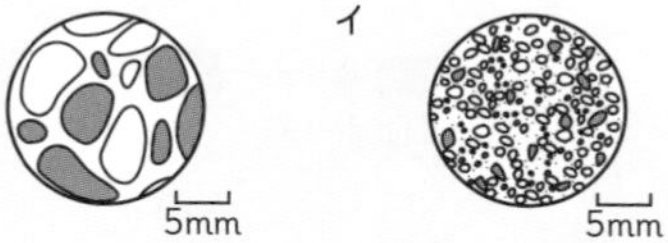

4 ア

□ **5** れき岩，砂岩，泥岩の粒の形に共通している特徴は何か。

5 丸みを帯びている。
流水のはたらきによって角がとれた。

□ **6** 火山灰が堆積してできた岩石を何というか。

6 凝灰岩

□ **7** **6**の粒の形にはどのような特徴があるか。

7 角ばっている。

□ **8** チャートと石灰岩のうち，塩酸をかけると気体が発生するのはどちらか。

8 石灰岩

□ **9** **8**で発生する気体は何か。

9 二酸化炭素

□ **10** チャートと石灰岩のうち，鉄くぎで引っかいても傷がつかないのはどちらか。

10 チャート
鉄くぎのほうに傷がつく。

ぷちトク！ 6種類の堆積岩

① 岩石などのかけら…れき岩，砂岩，泥岩
② 火山噴出物…凝灰岩
③ 生物の遺がい…石灰岩，チャート

45 地球

地層からわかること

重要度

地層の重なり

解答

□ **1** 右の図のような，地層の重なりを表した図を何というか。

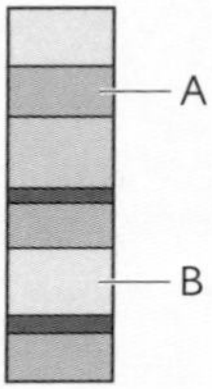

★ □ **2** しゅう曲による地層の逆転のないある地点の地層を表した右の図のA，Bのうち，古い層はどちらか。

1 柱状図

2 B
地層は下から上に積み重なる。

地層の広がり

□ **3** 離れた場所の地層のつながりを知る手がかりとなる層を何というか。

3 鍵層《かぎそう》
火山灰や化石をふくむ層。

★ □ **4** 少し離れた2地点について調べた右の図のA～Eのうち，**3**の層として利用できる層はどれか。

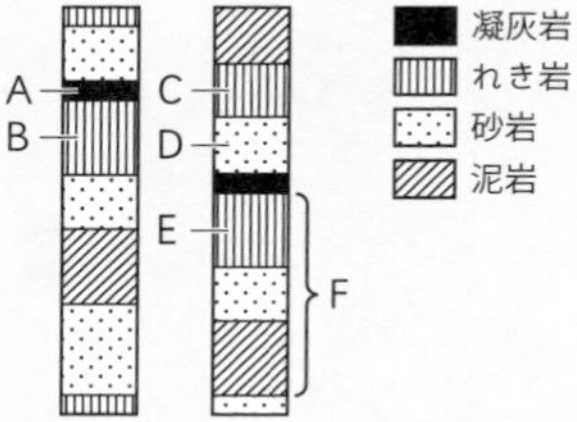

4 A

□ **5** 上の図の層Aから，この地層ができた当時に起こったと考えられることは何か。

5 （火山の）噴火

□ **6** 上の図のC～Eのうち，Bの層とつながっていると考えられる層はどれか。

6 E
同じであるとわかっている層の上下の層を見比べる。

□ **7** 上の図のFの部分の層が堆積した当時，海の深さはだんだんどのようになっていったか。

7 浅くなっていった。
堆積した粒の大きさがだんだん大きくなっている。

ぷちトク！ 鍵層

鍵層…離れた場所の地層のつながりを知る手がかりになる層。

例 凝灰岩の層や化石をふくむ層

鍵層の上下にある地層は，離れた場所でも同じになることが多い。

46 化石

重要度

示相化石

解答

□ **1** 化石は，大昔の生物の(　　　)や生活のあとなどが長い年月の間に，石のようになったものである。

1 死がい［骨など］

★ □ **2** 化石のうち，地層ができた当時の環境を知る手がかりになるものを何というか。

2 示相化石
限られた環境にのみ生息。

□ **3** サンゴの化石をふくむ地層が堆積したのは，どのような場所だったと考えられるか。

3 あたたかくて浅い海

□ **4** シジミの化石をふくむ地層が堆積したのは，どのような場所だったと考えられるか。

4 河口や湖

示準化石

★ □ **5** その地層がいつできたかを知る手がかりになる化石を何というか。

5 示準化石
限られた年代にのみ生息。

□ **6** **5**の化石などによって区切られた，地球の歴史の区分を何というか。

6 地質年代

□ **7** アンモナイトの化石がふくまれる地層の**6**は，(　　　)代である。

7 中生

□ **8** 次のア～エのうち，古生代の地層であることを示す化石はどれか。

ア　ビカリア　　イ　マンモス
ウ　フズリナ　　エ　恐竜

8 ウ
ビカリア…巻き貝のなかま
マンモス…ゾウのなかま
フズリナ…紡錘形の殻をもつ無脊椎動物のなかま
恐竜…は虫類のなかま

ぷちトク！ 代表的な示準化石

① 古生代…フズリナ，サンヨウチュウなど
② 中生代…アンモナイト，恐竜のなかまなど
③ 新生代…ビカリア，ゾウのなかま，デスモスチルス，メタセコイアなど

ぷちまとめ

植物の分類と気体の確認

◉ 植物の分類

- 植物
  - 種子でふえる。（種子）植物
    - 胚珠が子房の中にある。（被子）植物
      - 子葉が２枚。（双子葉）類
      - 子葉が１枚。（単子葉）類
    - 子房がなく胚珠がむき出し。（裸子）植物
  - 胞子でふえる。
    - 根・茎・葉の区別がある。（シダ）植物
    - 根・茎・葉の区別がない。（コケ）植物

◉ 気体の発生方法と性質

気体	発生方法	性質
（酸素）	二酸化マンガンにオキシドール（うすい過酸化水素水）を加える。	密度が空気より（少し大きい）。 水に（とけにくい）。 ものを燃やす性質がある。
（二酸化炭素）	石灰石にうすい塩酸を加える。	密度が空気より（大きい）。 水に少しとけて（酸性）を示す。 石灰水を白くにごらせる。
（水素）	亜鉛などの金属にうすい塩酸を加える。	密度が空気より（小さい）。 水に（とけにくい）。 火をつけると燃えて（水）ができる。
（アンモニア）	塩化アンモニウムと水酸化カルシウムを混ぜて加熱する。	密度が空気より（小さい）。 水にとけやすく,（アルカリ）性を示す。 （刺激臭）がある。

MATHEMATICS

数学

1 正負の数

重要度

正負の数の表し方，絶対値

★ □ **1** 次の数量を，符号《ふごう》＋，－を使って表しなさい。

① 0℃より5℃高い温度

② 0より$\frac{1}{2}$小さい数

③ 北に3km進むことを＋3kmとするとき，南に7km進むこと

★ □ **2** 次の数の絶対値《ぜったいち》を答えなさい。

① ＋7　② $-\frac{3}{7}$　③ 0

□ **3** 絶対値が4.1より小さい整数は何個あるか。

正負の数の大小

★ □ **4** 次の□にあてはまる不等号を答えなさい。

① $-6 \square +7$

② $0 \square -0.9$

③ $-\frac{5}{6} \square -0.8$

□ **5** 次の数を小さい順に並びかえ，不等号を使って表しなさい。

① －1.08，0，－1.8

② $-\frac{1}{2}$，$-\frac{1}{4}$，$-\frac{1}{3}$

解答

1 ① ＋5℃

② $-\frac{1}{2}$

③ －7km

2 ① 7

② $\frac{3}{7}$

③ 0

3 9個

4 ① ＜

② ＞

③ ＜

5 ① $-1.8 < -1.08 < 0$

② $-\frac{1}{2} < -\frac{1}{3} < -\frac{1}{4}$

ぷちトク！ 絶対値

① 数直線上で，原点《げんてん》(0)からある数までの距離《きょり》をその数の絶対値という。

② 負の数は，絶対値が大きいほど小さい。

2 正負の数の四則計算

重要度

正負の数の加法・減法

次の計算をしなさい。

□ 1 $(+6)+(-3)$

□ 2 $(-9)+(+2)$

□ 3 $(-4.7)+(-1.5)$

□ 4 $(+4)-(+8)$

□ 5 $(+5)-(-6)$

★ □ 6 $\left(-\frac{2}{3}\right)-\left(-\frac{4}{5}\right)$

□ 7 $\frac{5}{6}-\left(+\frac{1}{4}\right)+\left(-\frac{1}{2}\right)$

正負の数の乗法・除法

次の計算をしなさい。

□ 8 $\left(-\frac{3}{10}\right)\times(+4)$

□ 9 $(+2)\times(-7)\times(-5)$

□ 10 $(+36)\div(-9)$

□ 11 $(-14)\div\left(-\frac{7}{8}\right)$

★ □ 12 -5^2

★ □ 13 $(-3)^2$

★ □ 14 $-\frac{3}{4}\div(-9)\div\left(-\frac{5}{6}\right)$

解答

1 3

2 -7

3 -6.2

4 -4

5 11

6 $\frac{2}{15}$

7 $\frac{1}{12}$

8 $-\frac{6}{5}$

9 70

10 -4

11 16

12 -25

13 9

14 $-\frac{1}{10}$

ぷちトク！ 四則《しそく》計算

① 加法と減法が混じった式はかっこのない式になおして計算する。

② 乗法・除法では負の数が偶数《ぐうすう》個のときは＋，奇数《きすう》個のときは－になる。

3 四則の混じった計算

重要度

四則の混じった計算

次の計算をしなさい。

- □ **1** $12\div(-3)+8$
- □ **2** $-24-6\times(-5)$
- □ **3** $-8-(-0.9-7.1)$
- □ **4** $(-4)^2-8\times3$
- □ **5** $15-(-4)\div6\times(-9)$
- □ **6** $-(-21-3^2)\div6$
- □ **7** $10\div\left(-\frac{5}{7}\right)-\left(-\frac{1}{3}\right)\times9$
- ★ □ **8** $-2.6-0.5^2\times(-8)$
- □ **9** $15\times\left(-\frac{2}{5}+\frac{1}{3}\right)$
- □ **10** $\left(-\frac{3}{4}+\frac{7}{6}\right)\times(-12)$
- □ **11** $16\times(-4)+(-6)\times(-4)$
- ★ □ **12** $(-0.25)\times1.3-(-0.25)\times9.3$

素数・素因数分解

- □ **13** 20以上40以下の整数のうち，素数《そすう》をすべて答えなさい。
- ★ □ **14** 次の数を素因数分解《そいんすうぶんかい》しなさい。
  ① 12
  ② 105

解答

- **1** 4
- **2** 6
- **3** 0
- **4** -8
- **5** 9
- **6** 5
- **7** -11
- **8** -0.6
- **9** -1
- **10** -5
- **11** -40
- **12** 2
- **13** 23，29，31，37
- **14** ① $2^2\times3$
  ② $3\times5\times7$

ぷちトク！ 四則《しそく》混合

① 四則や累乗《るいじょう》が混じった計算では累乗→乗法・除法→加法・減法の順に計算する。

② かっこがある式はかっこの中を先に計算するか，分配法則《ぶんぱいほうそく》を利用する。

4 文字式の表し方

重要度

文字式の表し方

次の式を文字式の表し方にしたがって表しなさい。

□ **1** $a\times 8\times b$

□ **2** $(-1)\times c\times c\times c$

□ **3** $(x-y)\times(-2)$

□ **4** $p\div(-5)$

□ **5** $20-4\div q$

★ □ **6** $7\div(r-s)+t\times t$

文字を使った数量の表し方，式の値

★ □ **7** 次の数量を文字式で表しなさい。

① 500円玉を出して，1本x円の鉛筆《えんぴつ》を12本買ったときのおつり

② 分速amでb分間歩いたときに進んだ道のり

③ 底辺$a$cm，高さ$h$cmの三角形の面積

★ □ **8** $x=-4$，$y=\frac{1}{2}$のとき，次の式の値《あたい》を求めなさい。

① $6-2x$

② $\frac{x}{2}-x^3$

③ x^2-xy

解答

1 $8ab$

2 $-c^3$

3 $-2(x-y)$

4 $-\frac{p}{5}$

5 $20-\frac{4}{q}$

6 $\frac{7}{r-s}+t^2$

7 ① $500-12x$(円)

② ab m

(道のり)＝(速さ)×(時間)

③ $\frac{ah}{2}$ cm^2

(三角形の面積)

＝(底辺)×(高さ)÷2

8 ① 14

② 62

③ 18

ぷちトク！ 指数《しすう》・代入《だいにゅう》

① xをa回かけた式をx^aと表す。このときのaを指数という。

② 式の中の文字を数におきかえることを，文字にその数を代入するという。

5 文字式の計算①

重要度

項と係数

★ □ **1** 次の式の項《こう》を答え，文字をふくむ項の係数《けいすう》を答えなさい。

① $4a+7$　　② $-5x+\dfrac{y}{3}-12$

次の計算をしなさい。

□ **2** $3x-9x$

□ **3** $-y-2y$

□ **4** $2a+7a-5a$

★ □ **5** $\dfrac{2}{3}b-\dfrac{2}{5}b-\dfrac{1}{6}b$

□ **6** $-4c-8+c-9$

1次式の加法と減法

次の計算をしなさい。

□ **7** $2x+(x-9)$

□ **8** $(7x-1)+(-3x+5)$

□ **9** $(-y+4)+(-6y-1)$

□ **10** $(5y+2)-(5y+8)$

★ □ **11** $(-4a-9)-(-a-7)$

□ **12** $(3-8a)-(2a+5)$

□ **13** $\left(\dfrac{4}{3}x-7\right)+\left(\dfrac{1}{3}x+2\right)$

解答

1 ① 項 $4a$，7　係数 4

② 項 $-5x$，$\dfrac{y}{3}$，-12

係数 -5，$\dfrac{1}{3}$

2 $-6x$

3 $-3y$

4 $4a$

5 $\dfrac{1}{10}b\left[\dfrac{b}{10}\right]$

6 $-3c-17$

7 $3x-9$

8 $4x+4$

9 $-7y+3$

10 -6

11 $-3a-2$

12 $-10a-2$

13 $\dfrac{5}{3}x-5$

ぷちトク！ 項と係数

① 式 $2x-3$ の $2x$ や -3 を項という。

② $-4a$ のような文字をふくむ項の数の部分 -4 を文字 a の係数という。

6 文字式の計算②

重要度

1次式と数の乗法・除法

次の計算をしなさい。

- □ 1 $-3a\times5$
- □ 2 $-7(5x-8)$
- ★ □ 3 $\dfrac{x-6}{3}\times9$
- □ 4 $12x\div(-3)$
- □ 5 $-18x\div(-6)$
- □ 6 $(12a-24)\div2$
- ★ □ 7 $(-20a+15)\div(-5)$
- ★ □ 8 $(8x-12)\div\left(-\dfrac{2}{3}\right)$
- □ 9 $\left(\dfrac{3}{8}a-\dfrac{6}{5}\right)\div\left(-\dfrac{3}{7}\right)$

解答

1. $-15a$
2. $-35x+56$
3. $3x-18$
4. $-4x$
5. $3x$
6. $6a-12$
7. $4a-3$
8. $-12x+18$
9. $-\dfrac{7}{8}a+\dfrac{14}{5}$

いろいろな計算

次の計算をしなさい。

- □ 10 $5(2x-3)+4(-3x+5)$
- □ 11 $3(8a-5)-2(6a-7)$
- □ 12 $\dfrac{1}{3}(3x+6)+\dfrac{2}{5}(5x-10)$
- ★ □ 13 $\dfrac{1}{6}(18a+12)-\dfrac{3}{4}(8a-12)$
- □ 14 $12\left(\dfrac{5}{6}x-\dfrac{1}{4}\right)-18\left(\dfrac{2}{3}x+\dfrac{2}{9}\right)$

解答

10. $-2x+5$
11. $12a-1$
12. $3x-2$
13. $-3a+11$
14. $-2x-7$

ぷちトク! 1次式と数の乗法・除法

① 交換法則《こうかんほうそく》　$2x\times3=2\times3\times x=6x$　　分配法則《ぶんぱいほうそく》　$(x+2)\times3=x\times3+2\times3$

② わり算はわる数の逆数《ぎゃくすう》をかけて，分配法則を利用して計算する。

7 文字式の利用

重要度

数量・等式の表し方

次の数量の関係を等式《とうしき》で表しなさい。

★ □ **1** 半径がr cmのときの円周の長さがℓ cmである。

★ □ **2** 半径がr cmのときの円の面積がS cm^{2}である。

□ **3** 縦a cm，横b cmの長方形の周の長さがℓ cmである。

★ □ **4** a mの道のりを分速70mで歩くと，b分かかった。

□ **5** 3つの数a，b，cの平均はpである。

□ **6** 1本a円のボールペンを3本買って1000円を出したら，おつりはb円だった。

□ **7** x円の品物を20%引きのy円で買った。（消費税は考えないものとする。）

解答

1 $\ell = 2\pi r$

2 $S = \pi r^2$

3 $\ell = 2(a + b)$
$[\ell = 2a + 2b]$

4 $\dfrac{a}{70} = b$ $[a = 70b]$
（時間）＝（道のり）÷（速さ）

5 $\dfrac{a + b + c}{3} = p$
（平均）＝（合計）÷（個数）

6 $1000 - 3a = b$

7 $0.8x = y$ $\left[\dfrac{4}{5}x = y\right]$

不等式

次の数量の関係を不等式《ふとうしき》で表しなさい。

★ □ **8** 1冊a円のノートをb冊買って1000円を出したらおつりがあった。

□ **9** 分速x mで走ったところ10分以内でy m離《はな》れた駅に着くことができた。

解答

8 $1000 - ab > 0$
$[ab < 1000]$

9 $10x \geqq y$ $\left[\dfrac{y}{x} \leqq 10\right]$
駅までの道のりは10分間で走れる道のり以下である。

ぷちトク！ 等式・不等式

数量が等しい関係のときは等号（＝）を用いて等式で表し，どちらかが大きいときは不等号（>，<や≧，≦）を用いて不等式で表す。

8 1次方程式とその解き方

重要度

1次方程式とその解，1次方程式の解き方

★ □ **1** 次の1次《じ》方程式《ほうていしき》ア～ウのうち，その解《かい》が $x=-2$ となるものはどれか，記号で答えなさい。

ア　$8x=16$

イ　$8-3x=7x$

ウ　$4x+1=3x-1$

次の□にあてはまる数や式を答えなさい。

□ **2** $-2x=16$

$$\frac{-2x}{\boxed{\text{①}}}=\frac{16}{\boxed{\text{①}}}$$ ←両辺《りょうへん》を［①］でわる。

$$x=\boxed{\text{②}}$$

□ **3** $8x=-12+5x$

$$8x-\boxed{\text{①}}=-12+5x-\boxed{\text{①}}$$ ←両辺から［①］をひく。

$$\boxed{\text{②}}x=-12$$

$$\frac{\boxed{\text{②}}x}{\boxed{\text{②}}}=\frac{-12}{\boxed{\text{②}}}$$ ←両辺を［②］でわる。

$$x=\boxed{\text{③}}$$

1次方程式

★ □ **4** 次の1次方程式を解《と》きなさい。

① $-6x=-30$

② $-\frac{3}{5}x=-6$

③ $3x+7=-2$

④ $4x+5=8x-11$

⑤ $5x-3=-3x+1$

解答

1 ウ

それぞれの式に $x=-2$ を代《だい》入《にゅう》して，等式が成り立つか調べる。

2 ① -2

② -8

3 ① $5x$

② 3

③ -4

右《う》辺《へん》にあった $5x$ が左《さ》辺《へん》に移って $-5x$ になるように，符《ふ》号《ごう》を変えて一方の辺から他方の辺に移すことを移《い》項《こう》という。

4 ① $x=5$

② $x=10$

③ $x=-3$

④ $x=4$

⑤ $x=\frac{1}{2}$

ぷちトク！ 方程式の解

方程式の文字に数を代入して等式が成り立つとき，成り立たせる文字の値《あたい》を方程式の解という。方程式の解を求めることを方程式を解くという。

9 いろいろな1次方程式・比例式

重要度

いろいろな1次方程式

次の$\boxed{}$にあてはまる数や式を答えなさい。

★ □ **1** $3x-2(x-5)=4x-2$

$3x\boxed{\text{①}}=4x-2$ ←分配法則《ぶんぱいほうそく》

$3x\boxed{\text{②}}=-2\boxed{\text{③}}$ ←移項《いこう》する。

$\boxed{\text{④}}x=-12$

$x=\boxed{\text{⑤}}$

★ □ **2** $0.2x-0.4=0.7x-1.9$

$2x-\boxed{\text{②}}=7x-19$ ←両辺《りょうへん》に$\boxed{\text{①}}$をかける。

$2x-7x=-19+\boxed{\text{②}}$ ←移項する。

$-5x=\boxed{\text{③}}$

$x=\boxed{\text{④}}$

★ □ **3** $\dfrac{2}{3}x-4=\dfrac{1}{4}x+1$

$8x-48=\boxed{\text{②}}+12$ ←両辺に$\boxed{\text{①}}$をかける。

$8x-\boxed{\text{②}}=12+48$ ←移項する。

$\boxed{\text{③}}x=60$

$x=\boxed{\text{④}}$

比例式

□ **4** 次の比例式で，xの値《あたい》を求めなさい。

① $x:3=12:9$

② $3x:(x-2)=3:2$

解答

1 ① $-2x+10$
② $-2x-4x$
③ -10
④ -3
⑤ 4

2 ① 10
小数点以下のけた数にあわせて，10倍，100倍…と判断する。
② 4
③ -15
④ 3

3 ① 12
分母の数の最小公倍数をかけて分数をなくす。
② $3x$
③ 5
④ 12

4 ① $x=4$
② $x=-2$
$a:b=c:d$ならば$ad=bc$

ぷちトク！ いろいろな方程式《ほうていしき》の解き方

① かっこをふくむ方程式は，分配法則を使ってかっこをはずす。

② 小数や分数をふくむ方程式は，等式《とうしき》の性質を使って小数や分数をなくす。

10 比例①

重要度

関数

★ □ **1** 変数《へんすう》x，yの間の関係を次のようにするとき，yをxの式で表しなさい。

① 1本80円の鉛筆《えんぴつ》をx本買ったときの代金をy円とする。

② 縦の長さが$x$cmで，面積が20cm^2である長方形の横の長さを$y$cmとする。

③ 50個のあめを，1人に3個ずつx人に配ったときの残りのあめの個数をy個とする。

比例，変域

□ **2** $y=3x$について，対応するxとyの値《あたい》を表にした。

x	−2	−1	0	イ	2
y	ア	−3	0	3	6

① 上の表のアにあてはまる数を求めなさい。

② 上の表のイにあてはまる数を求めなさい。

③ 比例定数《ひれいていすう》を答えなさい。

④ xの値が2倍，3倍になると，yの値はどうなるか。

★ □ **3** 80Lの水が入る空の水そうに毎分5Lずつ水を入れるとき，x分後の水の量をyLとする。

① $x=6$のとき，yの値を求めなさい。

② xの変域《へんいき》を，不等号を使って表しなさい。

③ yの変域を，不等号を使って表しなさい。

解答

1 ① $y=80x$

（代金）

=（1本の値段）×（本数）

② $y=\frac{20}{x}$

（長方形の横の長さ）

=（面積）÷（長方形の縦の長さ）

③ $y=50-3x$

（残りのあめの個数）

=（全体の個数）−（配ったあめの個数）

2 ① −6

② 1

③ 3

④ 2倍，3倍になる。

3 ① $y=30$

$y=5x$に$x=6$を代入《だいにゅう》する。

② $0 \leqq x \leqq 16$

80Lの水が入る時間は，$y=5x$に$y=80$を代入する。

③ $0 \leqq y \leqq 80$

ぷちトク！ 変域

x，yのようにいろいろな値をとる文字を変数という。変数には，とりうる値の範囲《はんい》があり，その範囲をその変数の変域という。変域は不等号を使って表す。

11 比例②

重要度

比例の式

★ □ **1** yはxに比例《ひれい》し，$x=3$のとき$y=-18$である。

① yをxの式で表しなさい。

② $x=-4$のときのyの値《あたい》を求めなさい。

③ $y=42$のときのxの値を求めなさい。

□ **2** yはxに比例し，$x=-4$のとき$y=6$である。

① yをxの式で表しなさい。

② $x=6$のときのyの値を求めなさい。

比例のグラフ

★ □ **3** 下の①，②は比例のグラフである。それぞれyをxの式で表しなさい。

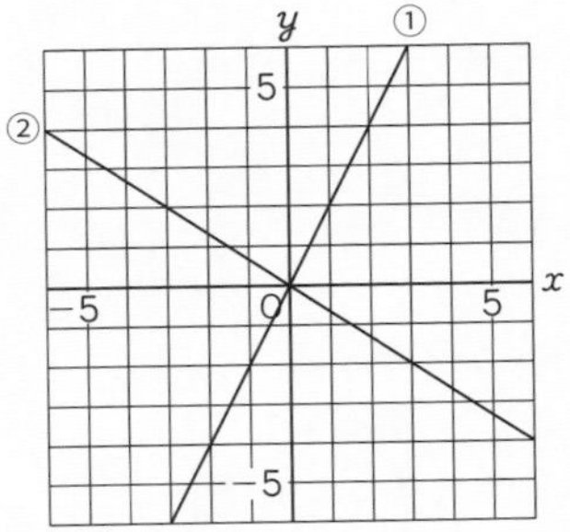

□ **4** 比例のグラフが次の点を通るとき，グラフの式を求めなさい。

① 点(2，8)

② 点(−4，6)

③ 点(9，3)

解答

1 ① $y=-6x$

$y=ax$ に$x=3$，$y=-18$を代入《だいにゅう》し，aの値を求める。

② $y=24$

③ $x=-7$

2 ① $y=-\frac{3}{2}x$

② $y=-9$

3 ① $y=2x$

② $y=-\frac{2}{3}x$

x座標《ざひょう》，y座標がともに整数である点を見つける。

4 ① $y=4x$

$y=ax$ にグラフが通る点の座標を代入する。

② $y=-\frac{3}{2}x$

③ $y=\frac{1}{3}x$

ぷちトク！ 比例の式の求め方

① yがxに比例するときは，$y=ax$と表される。

② 与《あた》えられたx，yの値を$y=ax$に代入して，aの値を求める。

12 反比例①

重要度

反比例

□ **1** 次の変数《へんすう》x，yについて，yがxに比例《ひれい》するものには○，反比例《はんぴれい》するものには × をつけなさい。

① 600m離《はな》れた駅まで，分速xmで歩いたときにかかる時間をy分とする。

② 1mが75gある針金xmの重さをygとする。

③ 面積が8cm^2の三角形の底辺を$x$cm，高さを$y$cmとする。

反比例・比例定数

★ □ **2** $y=\frac{6}{x}$について，対応するxとyの値《あたい》を表にした。

x	−6	−3	イ	6
y	ア	−2	−3	1

① 上の表のアにあてはまる数を答えなさい。

② 上の表のイにあてはまる数を答えなさい。

③ 比例定数《ひれいていすう》を答えなさい。

④ xの値が2倍，3倍になると，yの値はどうなるか。

★ □ **3** 80L入る水そうに毎分xLずつ水を入れると，y分でいっぱいになるとする。

① このときの関係を，□＝80と表すとき，□にあてはまる式を答えなさい。

② $x=16$のとき，yの値を求めなさい。

③ $y=4$のとき，xの値を求めなさい。

解答

1 ① ×

(時間)＝$\frac{(道のり)}{(速さ)}$

② ○

③ ×

(三角形の面積)

＝(底辺)×(高さ)÷2

2 ① −1

② −2

③ 6

④ $\frac{1}{2}$倍，$\frac{1}{3}$倍になる。

3 ① xy

(1分間に入れる水の量)×(入れる時間)＝(入る水の量)

② $y=5$

①で求めた関係式にx＝16を代入《だいにゅう》する。

③ $x=20$

ぷちトク！ 反比例の式・比例定数

変数x，yの関係式が，$y=ax$で表されるときは比例で，$y=\frac{a}{x}$で表されるときは反比例。いずれもaを比例定数という。

13 反比例②

重要度

反比例の式

★ □ **1** y は x に反比例《はんぴれい》し，$x=4$ のとき $y=-6$ である。

① y を x の式で表しなさい。

② $x=-8$ のときの y の値《あたい》を求めなさい。

③ $y=12$ のときの x の値を求めなさい。

□ **2** y は x に反比例し，$x=4$ のとき $y=-8$ である。

① y を x の式で表しなさい。

② $x=-2$ のときの y の値を求めなさい。

反比例のグラフ

★ □ **3** 下の①，②は反比例のグラフである。それぞれ y を x の式で表しなさい。

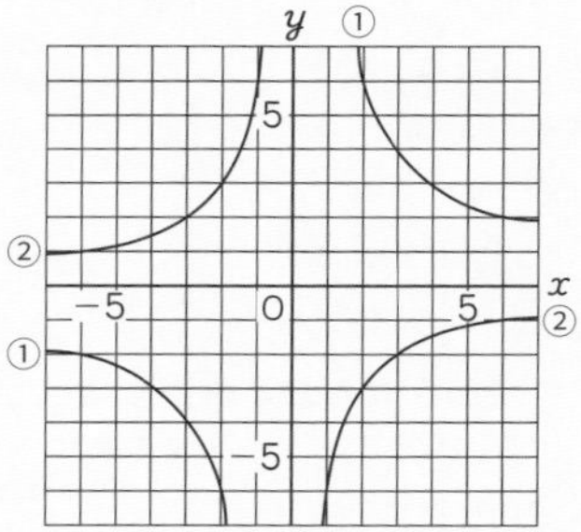

□ **4** 反比例のグラフが次の点を通るとき，グラフの式を求めなさい。

① 点 $(9,\ 4)$　　② 点 $(-2,\ 8)$

③ 点 $\left(6,\ \frac{3}{2}\right)$

解答

1 ① $y=-\frac{24}{x}$

$y=\frac{a}{x}$ に $x=4$，$y=-6$ を代《だい》入《にゅう》し，a の値を求める。

② $y=3$

③ $x=-2$

2 ① $y=-\frac{32}{x}$

② $y=16$

3 ① $y=\frac{12}{x}$

② $y=-\frac{6}{x}$

x 座標《ざひょう》，y 座標がともに整数である点を見つける。

4 ① $y=\frac{36}{x}$

② $y=-\frac{16}{x}$

③ $y=\frac{9}{x}$

ぷちトク！ 反比例の式の求め方

① y が x に反比例するときは，$y=\frac{a}{x}$ で表される。

② 与《あた》えられた x，y の値を $y=\frac{a}{x}$ に代入して，a の値を求める。

14 直線と角

重要度

直線や角の表し方

□ **1** 右の図について，
アを[①]AB，
イを[②]AB，
ウを[③]AB
という。

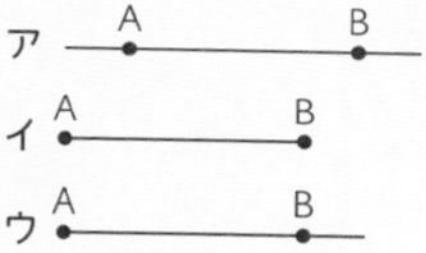

□ **2** 右の図において，①，②の角を角の記号を使って表しなさい。

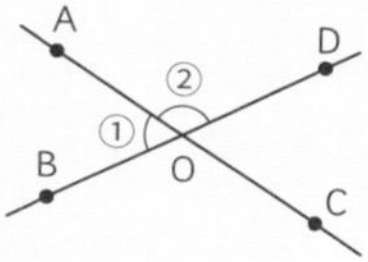

垂直と平行・距離

★ □ **3** 1目もりが1cmである方眼紙に3本の直線をひいた。

① 直線ABと直線CDの位置関係を，記号を使って表しなさい。

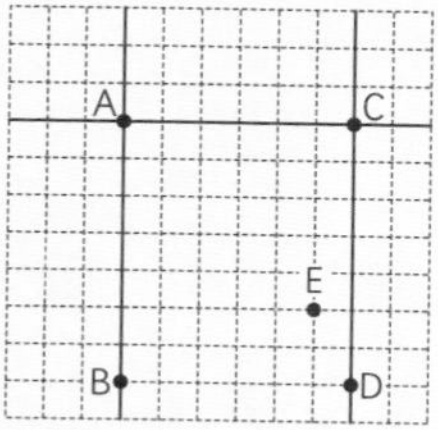

② 直線ABと直線ACの位置関係を，記号を使って表しなさい。

③ 点Eと直線ABとの距離《きょり》を答えなさい。

★ □ **4** 右の図は台形である。

① 平行《へいこう》である辺を，記号を使って表しなさい。

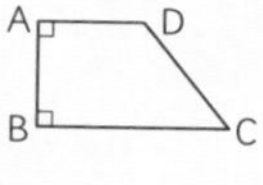

② 辺ADと垂直《すいちょく》である辺を答えなさい。

解答

1 ① 直線
② 線分《せんぶん》
③ 半直線《はんちょくせん》

2 ① ∠AOB ［∠BOA］
② ∠AOD ［∠DOA］

3 ① AB // CD
② AB ⊥ AC
③ 5cm

4 ① AD // BC
② 辺AB

ぷちトク！ 点と直線の距離

右の図のように，点Pから直線ABに垂線《すいせん》PQをひいたとき，線分PQの長さを点Pと直線ABとの距離という。

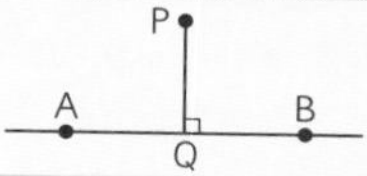

15 平面図形の移動

重要度

平行移動・対称移動・回転移動

解答

★ □ **1** 右の図の△A′B′C′は△ABCを，矢印の方向に矢印の長さだけ平行移動《へいこういどう》させたものである。

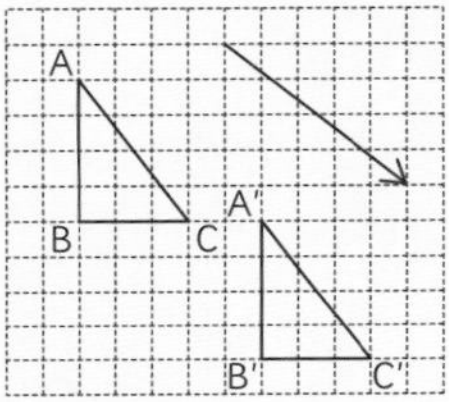

① ∠ACBに対応する角を答えなさい。

② 線分《せんぶん》ACと平行な線分を答えなさい。

1 ① ∠A′C′B′

② 線分A′C′

★ □ **2** 右の図の△A′B′C′は△ABCを，直線ℓを軸《じく》として対称移《たいしょうい》動《どう》させたものである。

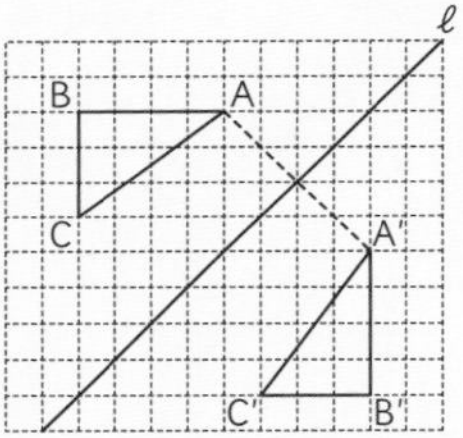

① ∠ABCに対応する角を答えなさい。

② 線分AA′と直線ℓの位置関係を記号を使って表しなさい。

2 ① ∠A′B′C′

② AA′⊥ℓ

□ **3** 右の図の△A′B′C′は△ABCを，点Oを中心にして時計回りに90°回転移動させたものである。

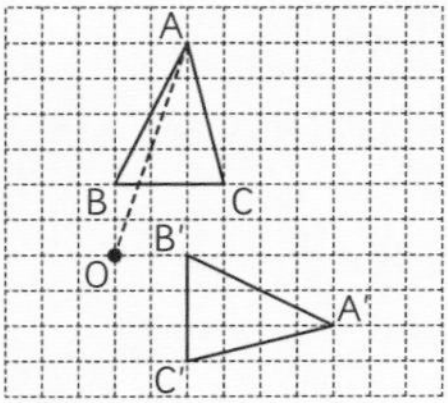

① ∠COC′の大きさを答えなさい。

② 線分AOと長さの等しい線分を答えなさい。

3 ① 90°

② 線分A′O

ぷちトク！ 点対称移動《てんたいしょういどう》

回転移動のうち，180°回転移動することを点対称移動といい，対応する点を結ぶ線分は回転の中心を通り，回転の中心によって2等分される。

16 作図

重要度

基本の作図

解答

□にあてはまる言葉か記号を答えなさい。

★ □ **1** 垂直二等分線《すいちょくにとうぶんせん》

① 2点A，Bを中心として等しい半径の ア をかき，その交点をP，Qとする。

② 直線 イ をひく。

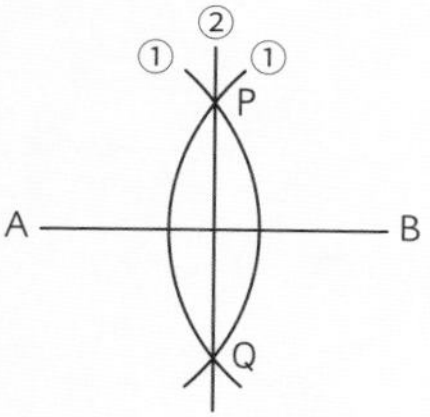

1 ア 円
イ PQ

★ □ **2** 角の二等分線

① 点Oを中心とする円をかき，2辺との ア をP，Qとする。

② 2点P，Qを中心として等しい イ の円をかき，その交点をRとする。

③ 半直線《はんちょくせん》 ウ をひく。

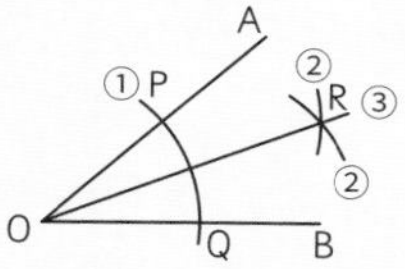

2 ア 交点
イ 半径
ウ OR

★ □ **3** 垂線《すいせん》

① 点Oを中心とする円をかき，直線ℓとの ア をP，Qとする。

② 2点P，Qを中心として等しい イ の円をかき，その交点をRとする。

③ 直線ORをひく。

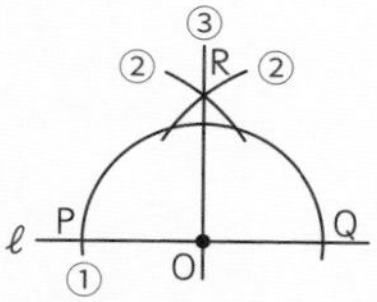

3 ア 交点
イ 半径

ぷちトク！ 垂直二等分線と角の二等分線

① 2点A，Bから距離《きょり》が等しい点は，線分《せんぶん》ABの垂直二等分線上にある。

② ∠AOBの辺AO，BOとの距離が等しい点は，∠AOBの二等分線上にある。

17 円とおうぎ形

重要度

おうぎ形の弧の長さ・面積

★ □ **1** 次のおうぎ形《がた》の弧《こ》の長さを求めなさい。

①

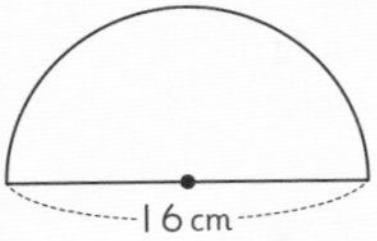

②

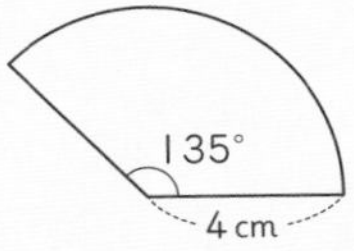

★ □ **2** 次のおうぎ形の面積を求めなさい。

①

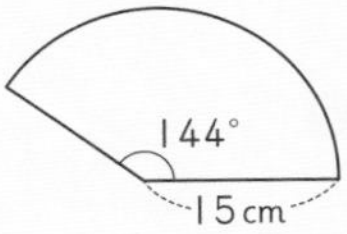

②

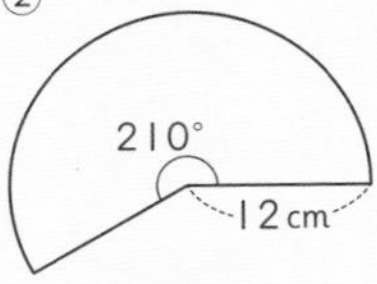

③　半径6cm，弧の長さ 4πcm のおうぎ形

おうぎ形と中心角

★ □ **3** 次のおうぎ形の中心角《ちゅうしんかく》の大きさを求めなさい。

① 半径9cm，弧の長さ 12πcm

② 半径6cm，面積 15πcm^2

□ **4** 右の図で，∠AOB＝90°，∠COD＝30°である。

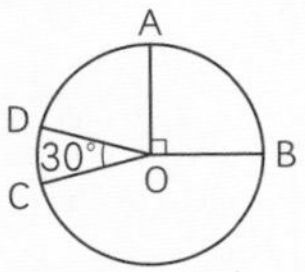

① $\overset{\frown}{CD}$ の長さは，円Oの周の長さの何倍か求めなさい。

② おうぎ形OABの面積は，円Oの面積の何倍か求めなさい。

解答

1 ① 8πcm

$16\pi\times\frac{1}{2}$

② 3πcm

$2\pi\times4\times\frac{135}{360}$

2 ① 90πcm^2

$\pi\times15^2\times\frac{144}{360}$

② 84πcm^2

③ 12πcm^2

$\frac{1}{2}\times4\pi\times6$

3 ① 240°

$2\pi\times9\times\frac{a}{360}=12\pi$ を解《と》く。

② 150°

$\pi\times6^2\times\frac{x}{360}=15\pi$ を解く。

4 ① $\frac{1}{12}$倍

② $\frac{1}{4}$倍

ぷちトク！ おうぎ形の弧の長さ，面積

半径r，中心角a°のおうぎ形の弧の長さをℓ，面積をSとすると，

$\ell=2\pi r\times\frac{a}{360}$　　$S=\pi r^2\times\frac{a}{360}$ または $S=\frac{1}{2}\ell r$

いろいろな立体

正多面体

□ **1** 次の立体について，下の表を完成させなさい。

① 正八面体

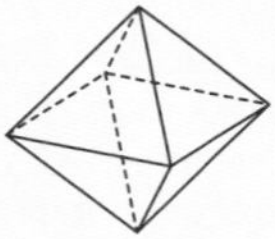

② 正十二面体

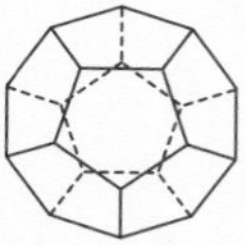

	面の形	面の数	辺の数	頂点の数
①	ア	8	イ	6
②	ウ	エ	30	オ

投影図・回転体

★ □ **2** 次の投影図《とうえいず》が表す立体の名称《めいしょう》を答えなさい。

①

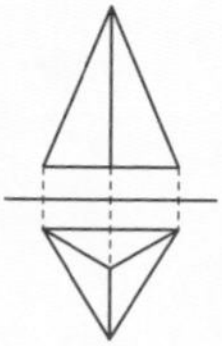

②

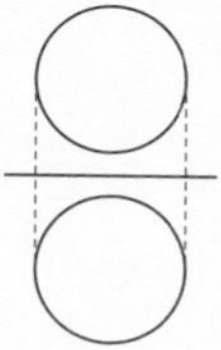

★ □ **3** 次の①，②の図形を，それぞれ直線ℓを軸《じく》として1回転させてできる立体の名称を答えなさい。

①

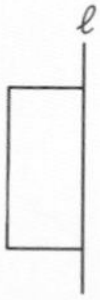

②

解答

1 ① ア 正三角形

イ 12

② ウ 正五角形

エ 12

オ 20

2 ① 三角錐《さんかくすい》

② 球

3 ① 円柱

② 円錐

ぷちトク！ 正多面体《せいためんたい》

多面体の中で，どの面も合同な正多角形でどの頂点にも面が同じ数だけ集まっている立体を正多面体という。（正多面体は5種類ある。）

19 直線と平面の位置関係

重要度

2直線の位置関係

★ □ **1** 右の三角柱について，次の辺をすべて答えなさい。

① 辺ADと平行《へいこう》

② 辺ACと垂直《すいちょく》

③ 辺ABとねじれの位置

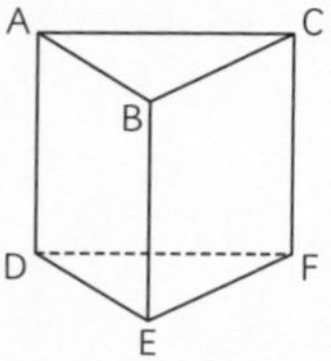

直線と平面・2平面の位置関係

□ **2** 右のような直方体がある。

① 面ABFEに垂直な辺は何本あるか。

② 辺AEと平行な面をすべて答えなさい。

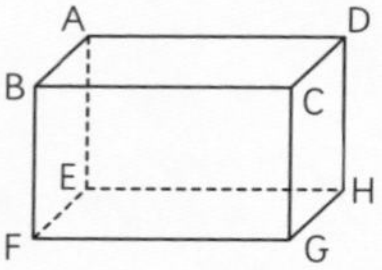

□ **3** 右のような，直方体を半分にした立体がある。

① 面ABCと平行な面を答えなさい。

② 面BEFCと垂直な面をすべて答えなさい。

③ 面ABEDと面BCFEのつくる角の大きさを求めなさい。

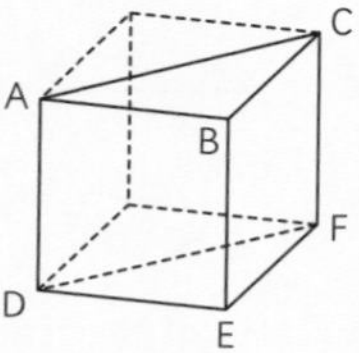

解答

1 ① 辺BE，辺CF

② 辺AD，辺CF

③ 辺CF，辺DF，辺EF

辺ABと交わる辺（辺AC，辺AD，辺BC，辺BE）と，辺ABと平行な辺（辺DE）以外がねじれの位置である。

2 ① 4本

② 面BFGC，面CGHD

辺AEをふくまず，辺AEと交わらない面

3 ① 面DEF

② 面ABC，面DEF，面ADEB

③ 90°

ぷちトク！ ねじれの位置

2直線が平行でなく，交わらないとき（同一平面上にないとき），この2直線はねじれの位置にあるという。

20 立体の体積と表面積

重要度

柱体・錐体の体積

★ □ **1** 次の立体の体積を求めなさい。

①

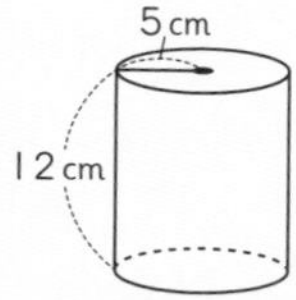

②

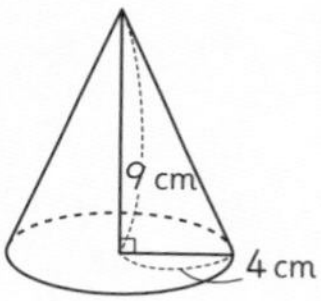

③（底面が台形の四角柱）

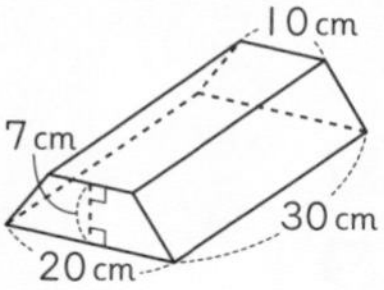

④

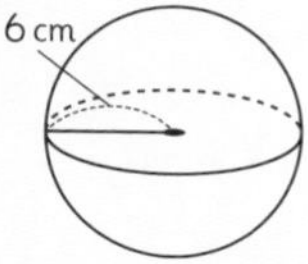

柱体・錐体の表面積

★ □ **2** 次の立体の表面積《ひょうめんせき》を求めなさい。

①

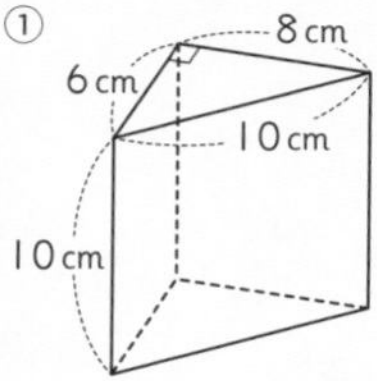

②

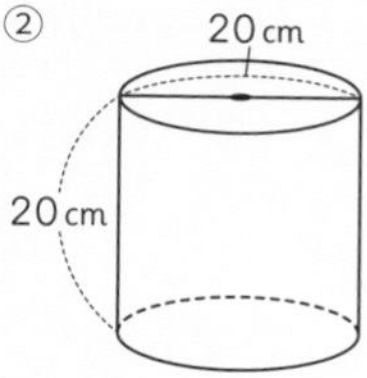

③

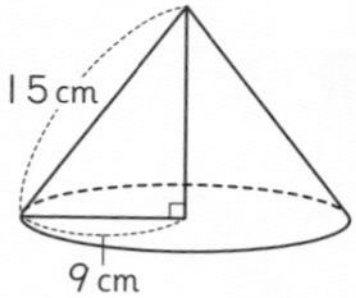

④

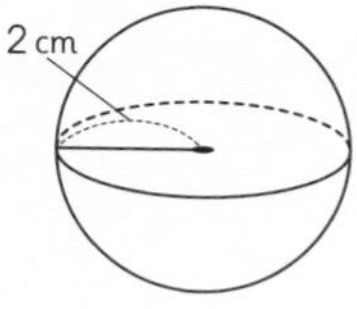

解答

1 ① $300\pi \mathrm{cm}^3$

$\pi \times 5^2 \times 12$

② $48\pi \mathrm{cm}^3$

$\frac{1}{3} \times \pi \times 4^2 \times 9$

③ $3150\mathrm{cm}^3$

$\frac{1}{2} \times (10+20) \times 7 \times 30$

④ $288\pi \mathrm{cm}^3$

$\frac{4}{3} \times \pi \times 6^3$

2 ① $288\mathrm{cm}^2$

$6 \times 8 \times \frac{1}{2} \times 2$

$+10 \times (6+8+10)$

② $600\pi \mathrm{cm}^2$

$\pi \times 10^2 \times 2 + 20 \times 20\pi$

③ $216\pi \mathrm{cm}^2$

$\pi \times 9^2 + \frac{1}{2} \times 2\pi \times 9 \times 15$

④ $16\pi \mathrm{cm}^2$

$4\pi \times 2^2$

ぷちトク！ 柱体・錐体《すいたい》の体積

柱体の体積をV_1，錐体の体積をV_2とし，底面積《ていめんせき》をS，高さをhとすると，

$V_1 = Sh$　　$V_2 = \frac{1}{3}Sh$

21 データの活用①

重要度

度数分布表

次の表は，生徒30人の通学にかかる時間を度数分布《どすうぶんぷ》表《ひょう》に整理したものである。

階級(分)	度数(人)	累積度数《るいせきどすう》(人)	相対度数	累積相対度数
以上　未満				
5～10	2	2	0.07	0.07
10～15	7	9	0.23	0.30
15～20	ア	イ	0.17	カ
20～25	9	23	エ	0.77
25～30	4	ウ	0.13	キ
30～35	3	30	オ	1.00
計	30		1.00	

★ □ **1** 階級《かいきゅう》の幅《はば》を求めなさい。

□ **2** 10分以上15分未満の階級の階級値を求めなさい。

□ **3** 上の表の ア ～ キ にあてはまる数を求めなさい。

★ □ **4** 通学にかかる時間が多い方から数えて6番目の生徒は，どの階級に入っているか。

★ □ **5** 15分未満の生徒は，全体の何%か求めなさい。

解答

1 5分

2 12.5分

3 ア 5
イ 14
ウ 27
エ 0.30
オ 0.10
カ 0.47
キ 0.90

4 25分以上30分未満の階級

5 30%

ぷちトク！ 度数分布表

① 階級ごとの度数でデータの分布を表した表を度数分布表という。

② 各階級の真ん中の値《あたい》を階級値という。

22 データの活用②

重要度

平均値・中央値・最頻値

右の表は，生徒40人が，1か月に図書室で借りた本の冊数を度数分布表《どすうぶんぷひょう》に整理したものである。

階級（冊）	度数（人）
以上　未満	
0～ 4	3
4～ 8	11
8～12	12
12～16	9
16～20	5
計	40

★ □ **1** 借りた本の冊数の平均値《へいきんち》を求めなさい。

★ □ **2** 中央値《ちゅうおうち》が属する階級《かいきゅう》を答えなさい。

★ □ **3** 最頻値《さいひんち》を求めなさい。

解答

1 10.2冊
(2×3+6×11+10×12+14×9+18×5)÷40

2 8冊以上12冊未満の階級
40÷2=20より，20番目と21番目の人が属する階級

3 10冊
度数が最も多い階級の階級値

確率

1個のさいころを繰《く》り返し投げたときに1の目が出た回数を調べて表にした。

投げた回数	100	500	1000	2000	3000	4000	5000
1が出た回数	11	74	157	328	491	664	834
1が出た割合	0.110	0.148	ア	0.164	イ	0.166	ウ

□ **4** 表のア～ウにあてはまる数を答えなさい。（小数第4位以下は四捨五入しなさい。）

★ □ **5** 投げる回数を増やしていったときに，1の目が出る割合が近づくと考えられる値《あたい》を答えなさい。（小数第4位以下は四捨五入しなさい。）

4 ア 0.157
イ 0.164
ウ 0.167

5 0.167

ぷちトク！ 度数分布表からの平均値

度数分布表からの平均値の求め方　$(\text{平均値}) = \dfrac{\{(\text{階級値}) \times (\text{その階級の度数})\}\text{の総和}}{(\text{度数の合計})}$

ぷち まとめ　大事な用語の確認

◉ 比例・反比例

比例

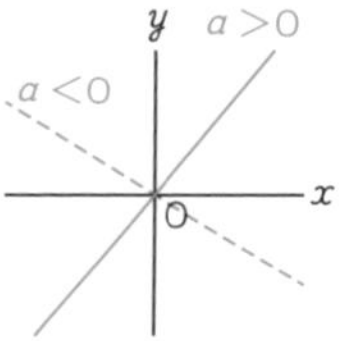

反比例

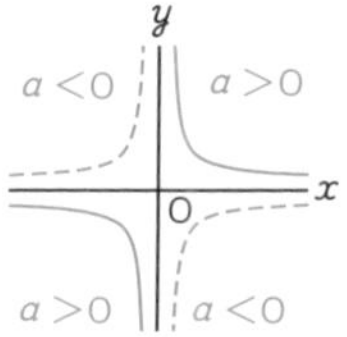

・比例《ひれい》　式$\left(y=ax\right)$

グラフは原点《げんてん》を通る直線

・反比例《はんびれい》　式$\left(y=\dfrac{a}{x}\right)$

グラフは双曲線《そうきょくせん》

◉ 図形の移動

・（平行移動《へいこういどう》）　一定の方向に一定の距離《きょり》だけずらす移動

・（対称移動《たいしょういどう》）　ある直線を折り目として折り返す移動

・（回転移動）　ある点を中心に一定の角度だけ回す移動

◉ 作図

・（垂直二等分線）

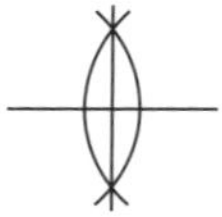

・（角の二等分線）

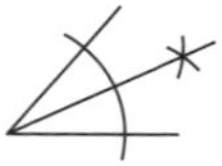

・（垂線《すいせん》）

◉ おうぎ形（半径r，中心角$a°$，弧の長さℓ，面積S）

・$\ell=\left(2\pi r\times\dfrac{a}{360}\right)$　　・$S=\left(\pi r^2\times\dfrac{a}{360}\right)$ または $S=\left(\dfrac{1}{2}\ell r\right)$

◉ 立体の表面積（球の半径r）

・柱体の表面積《ひょうめんせき》　（底面積《ていめんせき》）×2＋（側面積《そくめんせき》）

・錐体《すいたい》の表面積　（底面積）＋（側面積）

・球の表面積　$\left(4\pi r^2\right)$

◉ 立体の体積（体積V，底面積S，高さh，球の半径r）

・柱体の体積　$V=\left(Sh\right)$

・錐体の体積　$V=\left(\dfrac{1}{3}Sh\right)$

・球の体積　$V=\left(\dfrac{4}{3}\pi r^3\right)$

ENGLISH

英語

1 I am ～. / You are ～. ①

重要度

I am ～. と You are ～. の文

次の英文の(　　)内から適切な語を選びなさい。

□ 1 I (am / are) Kenji.

□ 2 You (am / are) from Australia.

□ 3 (I / You) are a dancer.

□ 4 (I / You) am a baseball fan.

□ 5 (You / You're) are friendly.

次の英文の＿＿に適切な１語を入れなさい。

★ □ 6 あなたは中国の出身です。
＿＿＿ ＿＿＿ from China.

★ □ 7 私は英語の先生です。
＿＿＿ an English teacher.

□ 8 あなたは新しい生徒です。
＿＿＿ a new student.

次の(　　)内の指示に従った英文に書きかえるとき，＿＿に適切な１語を入れなさい。

□ 9 I am hungry.（下線部を You に変えて）
You ＿＿＿ hungry.

□ 10 I am a soccer player.（下線部を１語に）
＿＿＿ a soccer player.

□ 11 You are kind.（下線部を１語に）
＿＿＿ kind.

解答

1 am

2 are

3 You

4 I

5 You
friendly「親しみやすい」

6 You are
from ～「～出身の」

7 I'm
I am＝I'm

8 You're
You are＝You're

9 are

10 I'm

11 You're

ぷちトク！ I am と You are の短縮形

I am と You are は短縮形を用いて１語で表すことができる。

I am ＝ I'm　　You are ＝ You're

例 I'm a soccer fan.（私はサッカーファンです。）

2 I am ～. / You are ～. ②

重要度

I am ～. と You are ～. の否定文

次の英文の____に適切な1語を入れなさい。

☆ □ 1 私はテニス選手ではありません。
I ______ ______ a tennis player.

☆ □ 2 あなたは美術部の一員ではありません。
You ______ ______ in the art club.

□ 3 私は数学が得意ではありません。
______ ______ good at math.

□ 4 あなたは東京出身ではありません。
______ ______ from Tokyo.

I am ～. と You are ～. の疑問文

次の英文の(　　)内の語を並べかえなさい。文頭の語も小文字になっています。

□ 5 (you / a / are / student)?

□ 6 (I'm / not / no / ,).

□ 7 (tired / you / are)?

□ 8 (am / I / yes / ,).

次の英文の____に適切な1語を入れなさい。

□ 9 ____ you good at English?
— Yes, I ____.

□ 10 ____ you hungry?
— No, I'm ____.

解答

1 am not
be動詞のあとにnotを置く。

2 are not
in ～＝～の一員で

3 I'm not
be good at ～＝～が得意だ

4 You aren't [You're not]

5 Are you a student

6 No, I'm not

7 Are you tired

8 Yes, I am

9 Are，am

10 Are，not

ぷちトク！ I amの否定文

am notに短縮形はない。

are notの短縮形はaren'tだが，am notは1語で表すことはできない。

例 I am not Miku.　(私はミクではありません。)

3 This〔That〕 is ～. / He〔She〕 is ～.①

重要度

This〔That〕 is ～. / He〔She〕 is ～. の文

解答

次の英文の(　　)内から適切な語を選びなさい。

□ 1 (That / You) is my bag.

1 That

★ □ 2 He (are / is) my teammate.

2 is

□ 3 She (am / is) Kumi.

3 is

□ 4 (She's / You) a basketball fan.

4 She's

□ 5 This (is / am) a key.

5 is

次の英文の____に適切な１語を入れなさい。

★ □ 6 これはあなたの机です。
____ ____ your desk.

6 This is

□ 7 彼女は私の母です。
____ ____ my mother.

7 She is

□ 8 あれは私の学校です。
____ my school.

8 That's
短縮形を用いる。

□ 9 彼は先生です。
____ a teacher.

9 He's

次の(　　)内の指示に従った英文に書きかえるとき，____に適切な１語を入れなさい。

□ 10 I am 12 years old.（下線部をHeに変えて）
____ ____ 12 years old.

10 He is

□ 11 That is a library.（下線部を１語に）
____ a library.

11 That's
That isはThat'sに短縮できる。

ぷちトク！ aとan

数えられるものの前には「1つ〔1人〕の」という意味を表すa〔an〕をつける。母《ぼ》音《いん》(ア・イ・ウ・エ・オに似た音)から始まる単語の前にはanをつける。

例 That is an orange. （あれは(1個の)オレンジです。）

4 This〔That〕 is ～. / He〔She〕 is ～. ②

重要度

This〔That〕 is ～. / He〔She〕 is ～. の否定文

次の英文の(　　)内から適切な語句を選びなさい。

□ 1 This (am not / isn't) my eraser.

□ 2 He (is / am) not my classmate.

★□ 3 (She / I) isn't from Hokkaido.

□ 4 (That / That's) not my house.

次の英文の____に適切な１語を入れなさい。

□ 5 彼は野球部に入っていません。
He ____ ____ in the baseball club.

★□ 6 これはあなたのギターではありません。
____ ____ your guitar.

□ 7 あれはコンピューターではありません。
That ____ a computer.

This〔That〕 is ～. / He〔She〕 is ～. の疑問文

次の(　　)内の指示に従った英文に書きかえるとき，____に適切な１語を入れなさい。

★□ 8 That is a card.（疑問文に）
____ ____ a card?

□ 9 She is a singer.（疑問文に）
____ ____ a singer?

□ 10 Is this a robot?（Noで答えて）
No, ____ ____.

解答

1 isn't

2 is

3 She

4 That's

5 is not
be動詞のあとにnotを置く。

6 This isn't

7 isn't

8 Is that

9 Is she

10 it isn't[it's not]

ぷちトク！ This is＋人名.

This isのあとに人名を続けてThis is ～.と言うと，「こちらは～です」と紹介《しょうかい》する文になる。

例 This is Miki.（こちらはミキです。）

5 名詞の複数形，a[an]，形容詞

重要度

名詞の複数形・a[an]・the

次の英文の(　　)内から適切な語を選びなさい。

★ □ 1 You are new (student / students).

□ 2 That is (a / an) apple.

□ 3 This is a book. (A / The) book is good.

□ 4 Are you baseball (player / players)?

□ 5 He is an (English / math) teacher.

形容詞

次の英文の____に適切な1語を入れなさい。

★ □ 6 その犬は大きいです。
____ dog is ____.

□ 7 あなたは忙《いそが》しいですか。
Are you ____?

□ 8 これはおもしろい映画です。
This is ____ ____ movie.

形容詞の位置

次の(　　)内の指示に従った英文に書きかえるとき，____に適切な1語を入れなさい。

□ 9 You are a musician.（下線部にgoodを加えて）
You are ____ ____ ____.

★ □ 10 This is an old watch.（下線部にJapaneseを加えて）
This is ____ ____ ____ watch.

解答

1 students

2 an

3 The

4 players

5 English
直前にanがあるので，母音《ぼいん》から始まる単語を選ぶ。

6 The[That]，big[large]

7 busy

8 an interesting

9 a good musician

10 an old Japanese

ぷちトク！ a[an]とtheの使い分け

a[an]が初めて話題になった名詞の前に置くのに対して，theはすでに話題になった名詞の前に置く。

例 That is a park. The park is big.（あれは公園です。その公園は大きいです。）

6 I play ～. などの文

重要度

一般動詞現在の文

次の英文の(　　)内から適切な語を選びなさい。

- ★ □ 1 I (have / drink) a dog at home.
- □ 2 You (know / play) Meg.
- □ 3 I (speak / run) Japanese.
- □ 4 You (go / make) to school early.
- □ 5 I (study / cook) English.

次の英文の____に適切な１語を入れなさい。

- ★ □ 6 私は野球が好きです。
  I ____ baseball.
- □ 7 あなたは東京に住んでいます。
  You ____ ____ Tokyo.
- ★ □ 8 私はギターを弾《ひ》きます。
  I ____ ____ guitar.
- □ 9 あなたは私の兄を知っています。
  You ____ my brother.

次の英文の____に適切な語を，あとから選んで入れなさい。

- □ 10 I ____ TV every day.
- □ 11 You ____ basketball.
- □ 12 I ____ sandwiches for breakfast.
  〔 play　　watch　　make 〕

解答

1 have
2 know
3 speak
4 go
5 study
6 like
7 live in
live in ～「～に住んでいる」
8 play the
楽器名の前にはtheをつける。
9 know
10 watch
11 play
12 make

ぷちトク！ haveの意味

haveには「～を飼っている」，「～(友達など)がいる」，「～がある」などたくさんの意味がある。

例 I have some friends in Canada. (私はカナダに何人かの友達がいます。)

7 I play ～. などの文の否定文・疑問文

重要度

一般動詞現在の否定文

次の英文の(　　)内から適切な語句を選びなさい。

□ **1** You (are / don't) eat breakfast.

★ □ **2** I (am not / don't) play soccer.

□ **3** You do (not / don't) like tennis.

□ **4** You (do not / not) study math.

次の英文の____に適切な１語を入れなさい。

□ **5** 私はギターを演奏しません。
I ____ ____ play the guitar.

★ □ **6** あなたは納豆を食べません。
You ____ ____ eat *natto.*

□ **7** あなたはサッカーを練習しません。
You ____ ____ soccer.

一般動詞現在の疑問文

次の(　　)内の指示に従った英文に書きかえるとき，____に適切な１語を入れなさい。

□ **8** You know this song.（疑問文に）
____ ____ ____ this song?

□ **9** You speak English.（疑問文に）
____ ____ speak English?

□ **10** Do you use this desk?（Yesで答えて）
Yes, ____ ____.

★ □ **11** Do you cook dinner?（Noで答えて）
No, ____ ____.

解答

1 don't

2 don't

3 not

4 do not

5 do not

6 do not

7 don't practice
解答欄《らん》の数から，短縮形を用いる。

8 Do you know

9 Do you

10 I[we] do

11 I[we] don't

ぷちトク！ Do you ～？の答え方

Do you ～？に対しては Yes, I[we] do. か No, I[we] do not[don't]. で答える。

例 Do you like fish? — Yes, I do.（あなたは魚が好きですか。— はい，好きです。）

8 I can play ～.などの文

重要度

canを使った文

解答

次の英文の＿＿に適切な１語を入れなさい。

★ □ 1 私は上手に歌うことができます。
I ＿＿ ＿＿ well.

1 can sing

★ □ 2 朝食を作ってくれませんか。
＿＿ ＿＿ make breakfast?

2 Can you

□ 3 この本を読んでもいいですか。
＿＿ ＿＿ read this book?

3 Can I

□ 4 私はバレーボールをすることができません。
I ＿＿ ＿＿ volleyball.

4 cannot[can't] play
cannotはふつう１語で書く。

次の英文の（　）内の語を並べかえなさい。文頭の語も小文字になっています。

□ 5 (speak / I / cannot) Chinese.

5 I cannot speak

□ 6 (you / cook / can) *sukiyaki*?

6 Can you cook

□ 7 (can't / I / no / ,).

7 No, I can't

次の（　）内の指示に従った英文に書きかえるとき，＿＿に適切な１語を入れなさい。

□ 8 You can swim fast.（疑問文に）
＿＿ ＿＿ swim fast?

8 Can you
canを主語の前に出す。

★ □ 9 I can play the piano.（否定文に）
I ＿＿ ＿＿ the piano.

9 cannot[can't] play

□ 10 Can you read Spanish?（Yesで答えて）
Yes, ＿＿ ＿＿.

10 I[we] can

ぷちトク！ Can I ～?

Can I ～?は「～してもよいですか」と許可を求めるときに使う。

例 Can I use this desk?（この机を使ってもいいですか。）

9 命令文・感嘆文

重要度

Don't ～. / Be ～. / Please ～.

次の英文の____に適切な1語を入れなさい。

□ 1 私の家に来てください。
____ ____ to my house.

★ □ 2 写真を撮《と》ってください。
____ a picture, ____.

□ 3 気を付けてください。
____ careful.

□ 4 これを見なさい。
____ at this.

★ □ 5 ここで野球をしてはいけません。
____ ____ baseball here.

次の英文の(　　)内の語を並べかえなさい。
文頭の語も小文字になっています。

□ 6 (kind / be / to) your friends.

□ 7 (don't / English / speak) in this class.

□ 8 (dinner / cook / please).

How ～! / What ～!

次の英文の意味を答えなさい。

□ 9 How big!

□ 10 What a small dog!

解答

1 Please come

2 Take，please

3 Be
beはbe動詞の原形。

4 Look

5 Don't play
「～してはいけない」は
Don'tを文の最初に置く。

6 Be kind to

7 Don't speak English

8 Please cook dinner

9 なんと大きいのでしょう！

10 なんて小さい犬でしょう！

ぷちトク！ 命令文とplease

命令文をていねいに言うときは，文の最初か最後にpleaseを置く。文の最後に置くときには，pleaseの前にコンマをつける。

例 Please make lunch. / Make lunch, please.　(昼食を作ってください。)

10 代名詞

重要度

代名詞の所有格，目的格

次の英文の(　　)内から適切な語を選びなさい。

★ □ 1 This is (his / him) pen.

□ 2 Do you know (her / hers)?

□ 3 That dog is (my / mine).

□ 4 I like (you / your) pictures.

□ 5 That ball is (ours / our).

次の英文の____に適切な１語を入れなさい。

★ □ 6 あなたは私たちを知っていますか。
Do you know ____?

□ 7 このコンピューターは彼女のものです。
This computer is ____.

□ 8 彼はいつも私に親切です。
He is always kind to ____.

□ 9 私はそれらが好きです。
I like ____.

次の対話文の____に適切な代名詞１語を入れなさい。

★ □ 10 *A*：Do you know Mr. Smith?
B：Yes. I like ____.

□ 11 *A*：Is this my eraser?
B：Yes, it is ____.

解答

1 his

2 her

3 mine

4 your

5 ours
「～のもの」を表す語を選ぶ。

6 us

7 hers

8 me

9 them
日本語では「それらが」となっている点に注意する。

10 him

11 yours
「それはあなたのものです」という文にする。

ぷちトク！ 前置詞＋目的格

with, at, on などの前置詞のあとの代名詞は目的格にする。

例 I play tennis with him. （私は彼といっしょにテニスをします。）
Look at me. （私を見なさい。）

11 疑問詞①

重要度

What, What＋名詞, Who, Where

次の英文の(　　)内から適切な語を選びなさい。

- □ 1 (Who / What) is this box?
- □ 2 (Who / When) is this girl?
- □ 3 (Where / What) do you eat lunch?
- ★ □ 4 (Who / What) sport do you like?

次の英文の＿＿に適切な１語を入れなさい。

- □ 5 あなたの学校はどこにありますか。
  ＿＿ ＿＿ your school?
- ★ □ 6 この少年はだれですか。
  ＿＿ ＿＿ this boy?
- □ 7 あなたは何がほしいですか。
  ＿＿ ＿＿ you want?
- □ 8 彼らは何時に起きますか。
  ＿＿ ＿＿do they get up?

次の対話文の＿＿に適切な１語を入れなさい。

- ★ □ 9 *A*：What is this?
  B：＿＿ ＿＿ a new card.
- □ 10 *A*：＿＿ do you practice basketball?
  B：I practice it in the gym.
- □ 11 *A*：＿＿ is that girl?
  B：She is my sister.

解答

1 What

2 Who

3 Where

4 What
「何の～」＝〈What＋名詞〉

5 Where is

6 Who is

7 What do

8 What time

9 It is
Itを使って具体的に答える。

10 Where

11 Who
「彼女は私の姉[妹]です」と人を説明している。

ぷちトク！ Whatで始まる疑問文

Whatで始まる疑問文にはYes, Noは使わず，具体的な内容を答える。

例 What do you eat for breakfast?　(あなたは朝食に何を食べますか。)
— I eat an *onigiri*.　(私はおにぎりを食べます。)

12 疑問詞②

重要度

How, How many, When

次の英文の（　　）内から適切な語句を選びなさい。

- ☆ □ 1 (How many / When) books do you have?
- □ 2 (When / How) is your birthday?
- □ 3 (What / How) do you go to school?

次の英文の____に適切な１語を入れなさい。

- □ 4 あなたはどうやって英語を勉強しますか。
  ____ ____ you study English?
- ☆ □ 5 あなたはいつテレビを見ますか。
  ____ ____ you watch TV?
- □ 6 天気はどうですか。
  ____ ____ the weather?
- □ 7 あなたは何本のペンを持っていますか。
  ____ ____ ____ do you have?

次の英文を，下線部をたずねる疑問文に書きかえるとき，____に適切な１語を入れなさい。

- ☆ □ 8 I study math after dinner.
  ____ ____ you study math?
- □ 9 I need three boxes.
  ____ ____ ____ do you need?
- □ 10 I go to the library by bike.
  ____ ____ you go to the library?

解答

1 How many

2 When

3 How
手段をたずねる。

4 How do

5 When do

6 How is

7 How many pens
数をたずねる文はHow manyのあとに複数名詞を続ける。

8 When do
「いつ」とたずねる。

9 How many boxes

10 How do

ぷちトク！ 手段を表す表現

- by bus（バスで）　• by bike（自転車で）　• by train（電車で）

例 I go to my piano lesson by bike.（私は自転車でピアノのレッスンへ行きます。）
I go to school by train.（私は電車で学校へ行きます。）

13 疑問詞③

重要度

Which, Which＋名詞, Whose, Whose＋名詞

次の英文の____に適切な１語を入れなさい。

- ☆ □ 1 これはだれのかばんですか。
  ____ ____ is this?
- ☆ □ 2 あなたはどの写真が好きですか。
  ____ ____ do you like?
- □ 3 そのギターはだれのものですか。
  ____ ____ the guitar?
- □ 4 私のものです。（3に答えて）
  It's ____.
- □ 5 どれがあなたのラケットですか。
  ____ ____ your racket?

次の英文の（　　）内の語を並べかえなさい。
文頭の語も小文字になっています。

- □ 6 (is / which / your) cat?
- □ 7 (eraser / is / whose) that?
- □ 8 (computer / which / do) you use?

次の英文を，下線部をたずねる疑問文に書きかえるとき，____に適切な１語を入れなさい。

- ☆ □ 9 That is Mike's car.（下線部：Mike's）
  ____ ____ is that?
- □ 10 This book is mine.（下線部：mine）
  ____ is this book?

解答

1 Whose bag

2 Which picture
「どの～」＝〈Which＋名詞〉

3 Whose is

4 mine

5 Which is

6 Which is your

7 Whose eraser is

8 Which computer do

9 Whose car

10 Whose
「だれのもの」とたずねる文にする。

ぷちトク！ Whose ～と〈Whose＋名詞〉

例 Whose is that bike?（あの自転車はだれのものですか。）
＝ Whose bike is that?（あれはだれの自転車ですか。）

14 He plays ～. などの文

重要度

3人称単数現在の一般動詞の文

次の英文の(　　)内から適切な語を選びなさい。

□ 1 Amy (like / likes) dogs.

□ 2 My sister and I (play / plays) tennis.

★ □ 3 Ken (study / studies) English hard.

□ 4 They (live / lives) in Australia.

次の英文の____に適切な1語を入れなさい。

□ 5 彼は上手に歌います。
He ____ well.

★ □ 6 私の母は音楽を教えています。
My mother ____ music.

□ 7 その生徒たちは速く走ります。
The students ____ fast.

□ 8 ホワイト先生は英語を話します。
Mr. White ____ English.

次の(　　)内の指示に従った英文に書きかえるとき，____に適切な1語を入れなさい。

□ 9 I use this desk. (下線部をHeに変えて)
He ____ this desk.

★ □ 10 I do my homework after dinner.
(下線部をJohnに変えて)
John ____ his homework after dinner.

解答

1 likes

2 play

3 studies

4 live

5 sings
主語が3人称単数のとき，動詞の語尾に(e)sをつける。

6 teaches

7 run
主語が複数なので，動詞は原形のまま。

8 speaks

9 uses

10 does

ぷちトク! 動詞の3人称単数現在形の作り方の注意

動詞の語尾が〈子音字《しいんじ》＋y〉で終わるものは，yをiに変えてesをつける。

例 • study(勉強する) → studies　• carry(運ぶ) → carries

15 He plays ～. などの文の否定文・疑問文

重要度

3人称単数現在の一般動詞の否定文・疑問文

解答

次の英文の(　　)内から適切な語を選びなさい。

★ □ 1 My mother (don't / doesn't) like fish.

1 doesn't

□ 2 The girls (don't / doesn't) play soccer.

2 don't

□ 3 (Do / Does) the boys practice tennis?

3 Do

□ 4 (Do / Does) Mark speak Japanese?

4 Does

□ 5 She doesn't (sing / sings) well.

5 sing

□ 6 Does Mr. White (eat / eats) sushi?

6 eat

次の英文の____に適切な１語を入れなさい。

□ 7 エミはこの本を読みません。
Emi ____ ____ read this book.

7 does not
主語が３人称単数の否定文。

★ □ 8 彼女は毎日，歩きますか。
____ she ____ every day?

8 Does，walk
主語が３人称単数の疑問文。

□ 9 ジェーンはバイオリンを弾《ひ》きません。
Jane ____ ____ the violin.

9 doesn't play

次の(　　)内の指示に従った英文に書きかえるとき，____に適切な１語を入れなさい。

□ 10 Meg has a cat.（否定文に）
Meg ____ ____ a cat.

10 doesn't have
hasはhaveの３人称単数現在形。

★ □ 11 Does your uncle live in Osaka?（Noで答えて）
No, ____ ____.

11 he doesn't

ぷちトク! 主語が３人称単数の疑問文の答え方

Does ～?に対しては，Yes, ～ does. かNo, ～ does not[doesn't]. で答える。

例 Does Jim eat *natto*? （ジムは納豆を食べますか。）
― Yes, he does. （はい，食べます。）

16 現在進行形

重要度

現在進行形の文

次の英文の(　　)内から適切な語を選びなさい。

□ 1 Tom (is / are) studying history.

★ □ 2 I'm (practice / practicing) tennis now.

□ 3 They (are / is) playing baseball.

□ 4 Jack (is / are) watching TV now.

□ 5 We're (takes / taking) pictures.

現在進行形の否定文・疑問文

次の英文の____に適切な1語を入れなさい。

□ 6 私の兄は今，朝食を食べていますか。
____ my brother ____ breakfast now?

★ □ 7 彼女は今，夕食を料理していますか。
____ she ____ dinner now?

★ □ 8 私は今，コンピューターを使っていません。
____ ____ using a computer now.

次の(　　)内の指示に従った英文に書きかえるとき，____に適切な1語を入れなさい。

□ 9 They are running now.（否定文に）
They ____ ____ now.

□ 10 Is Ken cooking curry now?（Noで答えて）
No, ____ ____.

解答

1 is

2 practicing

3 are

4 is

5 taking

6 Is，eating [having]
主語が3人称単数。

7 Is，cooking
be動詞を主語の前に置く。

8 I'm not

9 aren't running

10 he isn't [he's not]
be動詞のあとにnotを置く。

ぷちトク！ 現在進行形にできない動詞

knowやliveなどの状態を表す動詞はふつう，進行形にはできない。

例 × I am knowing your name.
○ I know your name.（私はあなたの名前を知っています。）

17 一般動詞の過去の文①

重要度

一般動詞の過去の文（規則動詞）

次の英文の（　　）内から適切な語を選びなさい。

□ 1 We (talk / talked) with John yesterday.

□ 2 I (watched / watching) TV last night.

□ 3 He (cook / cooked) dinner at five.

次の英文の____に適切な１語を入れなさい。

★□ 4 私たちは先週，その部屋を使いました。
We ____ the room last week.

★□ 5 私の姉は昨夜，英語を勉強しました。
My sister ____ English last night.

□ 6 私は昨日，公園を掃除《そうじ》しました。
I ____ the park yesterday.

□ 7 彼は先月，東京を訪《おとず》れました。
He ____ Tokyo last month.

次の（　　）内の指示に従った英文に書きかえるとき，____に適切な１語を入れなさい。

□ 8 She plays the guitar.
（文の最後に last week をつけて）
She ____ the guitar last week.

★□ 9 We wash the dishes every day.
（下線部を yesterday に変えて）
We ____ the dishes yesterday.

解答

1 talked

2 watched

3 cooked
at five「５時に」

4 used

5 studied
study は〈子音字《しいんじ》＋y〉で終わるので，y を i に変えて -ed をつける。

6 cleaned

7 visited

8 played

9 washed

ぷちトク！ 規則動詞の過去形の作り方

動詞の語尾が e で終わるものは，-d だけをつける。

例 like（好きである）→ liked　live（住んでいる）→ lived　use（使う）→ used

18 一般動詞の過去の文②

重要度

一般動詞の過去の文（不規則動詞）

次の英文の（　　）内から適切な語を選びなさい。

- ★ □ 1 I (do / did) my homework yesterday.
- □ 2 She (takes / took) a picture last week.
- □ 3 He (brings / brought) the box two hours ago.
- □ 4 I (eat / ate) breakfast this morning.

次の英文の下線部の意味を答えなさい。

- ★ □ 5 I saw your sister this morning.
- ★ □ 6 We went to Hokkaido last month.
- □ 7 My father made this box.
- □ 8 I ran in the park today.

次の英文の＿＿に適切な１語を入れなさい。

- □ 9 エミは犬を飼っていました。
  Emi ＿＿ a dog.
- □ 10 私は昨日，この本を買いました。
  I ＿＿ this book yesterday.
- □ 11 私は早く起きました。
  I ＿＿ up early.
- □ 12 父は８時に家に帰ってきました。
  My father ＿＿ home at eight.
- □ 13 彼はケンに「やあ」と言いました。
  He ＿＿ to Ken, "Hi."

解答

1 did

2 took

3 brought

4 ate
this morning「今朝」

5 見ました

6 北海道に行きました

7 この箱を作りました

8 公園で走りました

9 had

10 bought

11 got
get up「起きる」

12 came
come home「帰宅する」

13 said

ぷちトク！ 過去を表す語句

- yesterday（昨日）
- last week（先週）
- last month（先月）
- last year（昨年）
- last night（昨夜）
- ～ ago（～前）

19 一般動詞の過去の文③

重要度

一般動詞の過去の否定文・疑問文

次の英文の(　　)内から適切な語を選びなさい。

☐ 1 I (don't / didn't) take a picture yesterday.

☐ 2 (Do / Did) you watch TV last night?

☐ 3 She didn't (has / have) a pen.

★ ☐ 4 Did Jack (write / wrote) the letter?

次の英文の____に適切な１語を入れなさい。

☐ 5 私は昨日，学校へ行きませんでした。
I ____ ____ go to school yesterday.

★ ☐ 6 彼女は数学を勉強しましたか。
____ she ____ math?

☐ 7 彼らは野球を練習しませんでした。
They ____ ____ baseball.

次の(　　)内の指示に従った英文に書きかえるとき，____に適切な１語を入れなさい。

☐ 8 She ate the apples.（疑問文に）
____ she ____ the apples?

★ ☐ 9 I knew Mr. White.（否定文に）
I ____ ____ Mr. White.

☐ 10 Did you do your homework?（Yesで答えて）
Yes, ____ ____.

解答

1 didn't

2 Did

3 have

4 write
過去の否定文・疑問文では動詞は原形にする。

5 did not
過去の否定文は動詞の前にdid not[didn't]を置く。

6 Did，study

7 didn't practice

8 Did，eat

9 didn't know

10 I[we] did

ぷちトク！ 過去を表すときに形が不規則に変わる動詞

- go → went（行った）
- have → had（持っていた）
- see → saw（見た）
- take → took（とった）
- do → did（した）
- eat → ate（食べた）
- buy → bought（買った）

20 be動詞の過去の文

重要度

be動詞の過去形

次の英文の(　　)内から適切な語を選びなさい。

□ 1 I (am / was) happy yesterday.

□ 2 We (was / were) classmates last year.

□ 3 My mother (is / was) angry now.

□ 4 The movie (wasn't / weren't) exciting.

次の英文の____に適切な１語を入れなさい。

□ 5 その本はおもしろかったです。
The book ____ interesting.

★ □ 6 あなたは空腹でしたか。
____ ____ hungry?

★ □ 7 昨日は暑くありませんでした。
It ____ ____ hot yesterday.

□ 8 彼らは疲《つか》れていませんでした。
They ____ tired.

次の(　　)内の指示に従った英文に書きかえるとき，____に適切な１語を入れなさい。

□ 9 It was cloudy last night.（疑問文に）
____ ____ cloudy last night?

★ □ 10 Were you busy yesterday?（Noで答えて）
No, I ____.

解答

1 was

2 were

3 is

4 wasn't
主語が３人称単数。

5 was

6 Were you
be動詞の疑問文はbe動詞を主語の前に置く。

7 was not

8 weren't
were notの短縮形。

9 Was it

10 wasn't

ぷちトク！ be動詞の過去形の短縮形

was notはwasn't，were notはweren'tに短縮することができる。

例 I wasn't good at cooking.（私は料理が上手ではありませんでした。）
We weren't in the gym.（私たちは体育館にいませんでした。）

21 過去進行形

重要度

過去進行形の文

解答

次の英文の____に適切な1語を入れなさい。

☆ □ 1 私はそのとき，テレビを見ていました。
I ____ ____ TV then.

1 was watching
〈was[were]＋動詞の -ing形〉

□ 2 あなたは宿題をしていました。
You ____ ____ your homework.

2 were doing

□ 3 生徒たちは野球を練習していました。
The students ____ ____ baseball.

3 were practicing

☆ □ 4 私はそのとき，朝食を食べていました。
I ____ ____ breakfast then.

4 was eating[having]

過去進行形の否定文・疑問文

次の英文の(　　)内の語を並べかえなさい。
文頭の語も小文字になっています。

□ 5 (cooking / wasn't / I) dinner.

5 I wasn't cooking

□ 6 (not / you / sleeping / were) then.

6 You were not sleeping

☆ □ 7 (you / teaching / were) math?

7 Were you teaching

次の(　　)内の指示に従った英文に書きかえるとき，____に適切な1語を入れなさい。

□ 8 I took a picture. (thenをつけて過去進行形の文に)
I ____ ____ a picture then.

8 was taking

□ 9 Was the girl playing the piano? (Yesで答えて)
Yes, ____ ____.

9 she was

ぷちトク！ 過去進行形の応答文

過去進行形の疑問文には，be動詞の過去形を使って答える。

例 Were you studying English? ― Yes, I was. / No, I wasn't.
(あなたは英語を勉強していましたか。) ― (はい，していました。 / いいえ，していませんでした。)

22 There is〔are〕 ~. の文，look ＋形容詞

重要度

There is〔are〕 ~. / look ＋形容詞

次の英文の____に適切な１語を入れなさい。

★ □ 1 私の家の近くに公園があります。
____ ____ a park near my house.

★ □ 2 ここにはボールがありません。
____ ____ a ball here.

□ 3 その箱には本がいくつかありますか。
____ ____ any books in the box?

□ 4 あなたは今日，幸せそうに見えます。
You ____ happy today.

次の英文の下線部の意味を答えなさい。

□ 5 There is a cat on the desk.

□ 6 There isn't a car in this park.

★ □ 7 You look tired.

次の(　　)内の指示に従った英文に書きかえるとき，____に適切な１語を入れなさい。

□ 8 My town has two parks.（ほぼ同じ内容の文に）
____ ____ two parks in my town.

□ 9 Is there a post office near here?（Yesで答えて）
Yes, ____ ____.

解答

1 There is

2 There isn't
There is〔are〕 ~. の否定文はbe動詞のあとにnotを置く。

3 Are there
複数なので，be動詞はareにする。

4 look

5 ネコがいます

6 車がありません

7 疲《つか》れて見えます

8 There are
「私の町には２つの公園があります」

9 there is

ぷちトク！ look like＋名詞

〈look like＋名詞〉で「～のように見える」という意味を表す。

例 It looks like a dog.（それは犬のように見えます。）
They looked like astronauts.（彼らは宇宙飛行士のように見えました。）

ぷち まとめ

慣用表現・熟語・会話表現の確認

◎ 慣用表現・熟語

英語	日本語	英語	日本語
at home	家で	go to bed	寝《ね》る
talk with ～	～と話す	eat out	外食する
listen to ～	～を聞く	take a walk	散歩する
look at ～	～を見る	help ～ with ...	～の…を手伝う
take care of ～	～の世話をする	a member of ～	～の一員
leave home	家を出る	belong to ～	～に所属している
take a bath	入浴する	be in the ～ club	～部に入っている
have a great time	すばらしい時間を過ごす	a fan of ～	～のファン
turn on ～	～をつける	be good at ～	～が上手だ
turn off ～	～を消す	be interested in ～	～に興味がある

◎ 会話表現

英語	日本語
Nice to meet you.	お会いできてうれしいです。
How are you?	調子はどうですか。
May I help you?	いらっしゃいませ。
I'm looking for a cap.	私は帽子《ぼうし》を探しています。
How about this one?	こちらはいかがですか。
Do you have a smaller one?	もっと小さいのはありますか。
How much is this?	これはいくらですか。
Excuse me.	すみません。
How can I get to ～?	～へはどうやって行ったらいいですか。
Turn right[left] at ～.	～を右[左]に曲がってください。
The library is on your right.	図書館は右手にあります。
I see. Thank you.	わかりました。ありがとうございます。

JAPANESE

国語

1 漢字の音訓

重要度

漢字の読み取り・書き取り

次の下線部の漢字は読みを答え，カタカナは漢字に直しなさい。

★ □ 1 二人の話は矛盾している。

□ 2 社会とのつながりが希薄になる。

□ 3 優秀な人材を採用する。

□ 4 能ある鷹《たか》は爪《つめ》を隠す。

□ 5 主人公の心情を捉える。

□ 6 ピアノを上手にエンソウする。

★ □ 7 中学生に圧倒的《あっとうてき》なシジを得る。

□ 8 現役《げんえき》をインタイした選手。

□ 9 手荷物をカウンターにアズける。

□ 10 この先の道は暗くてアブない。

解答

1 むじゅん

2 きはく　弱く乏《とぼ》しいこと。

3 ゆうしゅう

4 かく

5 とら

6 演奏

7 支持　賛成し，支えること。

8 引退

9 預

10 危

二通りの音読みがある漢字

次の下線部の読みを答えなさい。

★ □ 11 ① 飛行機の模型を飾《かざ》る。
② 事業の規模を縮小する。

□ 12 ① その話には大いに興味がある。
② 災害からの復興を支援《しえん》する。

□ 13 ① 彼《かれ》はとても反省している。
② 主語を省略した文。

解答

11 ① もけい
② きぼ

12 ① きょうみ
② ふっこう

13 ① はんせい
② しょうりゃく

ぷちトク！ 二通りの訓読みがある漢字の読み分け方

二通りの訓読みがある漢字は，送り仮《が》名《な》に注目しよう。

冷える(ひえる)・冷める(さめる)　苦しい(くるしい)・苦い(にがい)

2 漢字の画数と筆順

画数

次にあてはまる漢字をそれぞれ選びなさい。

□ **1** 画数がもっとも多い漢字。
〔善　　裏　　誕　　総〕

□ **2** 画数がほかと異なる漢字。
〔弱　　起　　派　　師〕

★□ **3** 画数が「級」と同じ漢字。
〔版　　迷　　展　　険〕

筆順

次の矢印で示した太い部分は何画目か答えなさい。

□ **4** 

□ **5** 

★□ **6** 矢印で示した太い部分が６画目である漢字を選びなさい。

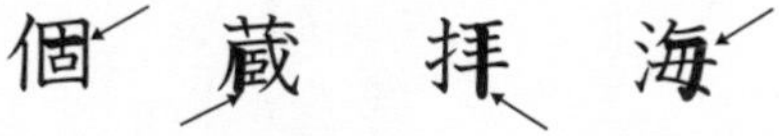

★□ **7** 部首の筆順が行書と楷書《かいしょ》で異なる漢字を選びなさい。

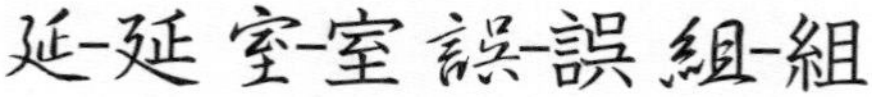

解答

1 誕　(15画)

2 派　(9画)

3 迷　(9画)
「級」の「及」の画数に注意する。

4 4画目

5 9画目

6 蔵
正解以外の漢字は，５・８・７画目が示されている。

7 組
漢字の形から，どのような順番で書いているのかを考える。

ぷちトク！ 漢字の筆順

漢字の筆順には上から下に(三・空)，左から右に(川・外)，貫《つらぬ》く画は最後に(車・子)書く，などの原則があるが，例外もあるので注意しよう。

3 漢字の組み立て・部首

重要度

漢字の組み立て

漢字を組み立てている次の部分（部首）の呼び名を答えなさい。

□ 1 

□ 2 

□ 3 

□ 4 

部首

次の漢字の部首名をひらがなで答えなさい。

□ 5 劇

★□ 6 応

□ 7 団

□ 8 痛

★□ 9 窓

次の漢字に（　　）の中の部首をつけて漢字で答えなさい。

□ 10 令（おおがい）

□ 11 完（こざとへん）

□ 12 己（そうにょう）

解答

1 へん

2 あし

3 つくり

4 にょう

5 りっとう　刃物《はもの》に関係する。

6 こころ　まだれではない。

7 くにがまえ

8 やまいだれ　病気に関係する。

9 あなかんむり
うかんむりとの違《ちが》いに注意。

10 領

11 院　おおざととの違いに注意。

12 起

ぷちトク！　部首の意味

部首の意味を知っておくと，漢字が表す意味を覚えやすい。

例 うかんむり…家に関係する。（室・宅）　れんが（れっか）…火に関係する。（燃・熱）

4 漢字の成り立ち

重要度

象形文字・指事文字・会意文字・形声文字

次の文の説明に合うものを，あとから選びなさい。

□ **1** 物の形に似せた絵がもとになってできた漢字。

□ **2** 音を表す漢字と意味を表す漢字を組み合わせてできた漢字。

□ **3** 二つ以上の漢字を組み合わせ，新しい意味をもたせた漢字。

□ **4** 形で示しにくいものごとを，点や線などの記号で表した漢字。

〔象形文字　指事文字
会意文字　形声文字〕

★□ **5** 次から会意文字を選びなさい。
〔上　岩　持　米〕

★□ **6** 次から象形文字を選びなさい。
〔本　鳴　馬　府〕

★□ **7** 次から指事文字を選びなさい。
〔河　月　森　末〕

□ **8** 次の漢字の音を表す部分と意味を表す部分を，それぞれ答えなさい。
A　枝
B　閣
C　謝

解答

1 象形文字

2 形声文字

3 会意文字
「明」「休」などがある。

4 指事文字

5 岩
漢字の組み合わせを考える。

6 馬

7 末
「木」の上部に「一」の印がつき，一番遠い所を指す。

8 A 音　支　意味　木
B 音　各　意味　門
C 音　射　意味　言

ぷちトク！ 国字《こくじ》

日本でつくられた漢字を「国字」という。国字は会意文字と同じつくり方をしたものが多い。例 働・峠《とうげ》・畑

5 指示語

重要度

指示語の種類と性質

□ **1** 次の表のA～Eにあてはまる語句を答えなさい。

指定	様子	方向	場所	事物	
この	こんな こう	こちら	B	これ	こ
E	そんな そう	そちら	そこ	A	そ
あの	あんな ああ	C	あそこ	あれ	あ
どの	どんな D	どちら	どこ	どれ	ど

★ □ **2** 次の(　　)にあてはまる語句を，あとから選びなさい。

(　a　)はあなたのペンですか。

(　b　)に大きな魚ははじめて見たよ。

駅に行くには(　c　)に進めばよいですか。

〔あそこ　どちら　そう　これ　あんな〕

★ □ **3** 次の下線部が指し示す語句をぬき出しなさい。

① 家の近くに公園があります。そこにはたくさん花が咲《さ》いています。

② 私はこう伝えたい。目標は必ず達成できると。

解答

1 A それ

B ここ

C あちら

D どう

E その

2 a これ

b あんな

c どちら

3 ① 公園

指示語にその内容をあてはめて読み，意味がとおるか確認《かくにん》する。

② 目標は必ず達成できる

ぷちトク！「こそあどことば」以外の指示語

「こそあどことば」以外にも指示語の役割をする語がある。

例 ・筆記用具とノート，以上が当日の持ち物です。　・猫《ねこ》と犬，私は前者が好きだ。

6 接続語

重要度

接続語の種類

次の(　　)にあてはまる語句を，あとから選びなさい。

□ **1** 雨が降ってきた。(　　)風も強まってきた。

□ **2** 月曜日，(　　)水曜日なら時間があります。

□ **3** まずまずの結果だ。(　　)褒《ほ》められるほどでもない。

★ □ **4** 私は驚《おどろ》いた。(　　)悲鳴が聞こえたからだ。

〔 そのうえ　あるいは　しかし　なぜなら　いっぽう 〕

解答

1 そのうえ

2 あるいは

3 しかし

4 なぜなら
「～からだ」に注目する。

接続語の役割

次の下線部の接続語の役割について，正しいものをあとから選びなさい。

□ **5** 君の言いたいことはわかった。だが，認めることはできない。

★ □ **6** 今日はいい天気ですね。ところで，あの話はどうなりましたか。

□ **7** 明日は遠足です。なお，雨天の場合は延期します。

□ **8** 彼《かれ》，すなわち，君のお兄さんは何歳《なんさい》ですか。

ア　前に述べたことを別の言い方で繰《く》り返《かえ》す。
イ　前に述べたことから話題を変える。
ウ　前に述べたこととは逆のことがあとにくる。
エ　前に述べたことにあとのことをつけ加える。

5 ウ

6 イ

7 エ

8 ア
「君のお兄さん」は「彼」のことである。

ぷちトク！ 段落における接続語の役割

段落のはじめにある接続語は，前の段落との関係を示している。読解問題では接続語に注目し，あとに述べられていることがらを推測しながら読み進めよう。

7 ことばの単位①

重要度

ことばの単位

次の説明に合うことばの単位を答えなさい。

□ **1** 論説や小説など，一まとまりの内容を，文字で書き表したもの。

□ **2** 文章を内容のまとまりごとに区切ったもの。

□ **3** 句点「。」による切れ目ごとの一続きのことば。

□ **4** 意味がわかる範囲《はんい》で，文をできるかぎり短く区切ったまとまり。

□ **5** ことばとしての役目を果たせる最小単位。

★ □ **6** 次の文章はいくつの文に分けられるか答えなさい。

　中学三年生の姉は，小学校のころからバスケが人一倍好きだ学校では，バスケ部のキャプテンだ部活動ではこわい先輩《せんぱい》らしいが，本当は無口で控《ひか》えめだ

★ □ **7** 次の文章はいくつの段落に分けられるか答えなさい。

　五時に起きると，すでに雨だった。せっかくの連休初日で，キャンプの予定だったのに。ぼくと同じように，うらめしそうに窓の外をながめているのは，飼《か》い猫《ねこ》のミミだった。

解答

1 文章
詩や俳句などもふくむ。

2 段落
はじめは一字下げる。

3 文

4 文節

5 単語
文節をさらに細かくしたもの。

6 三つ
句点「。」をつけて考える。

7 二つ
話題が変わるところに着目する。

ぷちトク！ 説明文の読解

文章を読むときは，段落ごとのまとまりを意識することが大切。また，段落どうしのつながりにも気をつけると，より内容を捉《とら》えやすくなる。

8 ことばの単位②

重要度

文節の区切り

次の下線部を文節に区切りなさい。

- □ 1 今朝／白い／朝顔が咲《さ》いた。
- □ 2 先生は／昔／野球の選手だった。
- □ 3 弟は／外で／遊ぶことが好きだ。
- □ 4 とても／すばらしい／作品を生み出す。
- □ 5 今年の／夏は／例年より暑いそうだ。
- ★ □ 6 姉は／昨日の／朝から出《で》掛《か》けている。

単語の区切り

次の下線部を単語に区切りなさい。

- □ 7 クラス／の／みんな／で／歌／を／歌うことは楽しい。
- □ 8 教室／の／中／を／うろうろ歩き回る。
- □ 9 祖母／が／庭／で／本／を／読んでいます。
- □ 10 父／は／あまり／話をしない／人／だ。
- □ 11 明日／は／雨が降るらしい。
- ★ □ 12 おそらく／ここ／に／答え／が／あるだろう。
- ★ □ 13 その／とき／ぼく／は，／何もわかっていなかった。

解答

1 朝顔が／咲いた

2 野球の／選手だった

3 遊ぶ／ことが／好きだ

4 作品を／生み出す

5 例年より／暑いそうだ

6 朝から／出掛けて／いる

区切るところに「ね」「さ」を入れて確かめるとよい。

7 歌う／こと／は／楽しい

8 うろうろ／歩き回る

9 読ん／で／い／ます

10 話／を／し／ない

11 雨／が／降る／らしい

12 ある／だろ／う

13 何／も／わかっ／て／い／なかっ／た

意味のわかる部分と，その下についていろいろな働きをする部分に分ける。

ぷちトク！ 複合語

二つ以上の単語が組み合わさり，新しい意味をもつ複合語は，一つの単語として扱《あつか》うことに注意する。 例 生み出す・歩き回る・蒸《む》し暑《あつ》い・切り開く　など

9 文節どうしの関係①

重要度

主・述の関係

次の文の主語を答えなさい。

□ 1 妹は 毎朝 一番に 起きます。

□ 2 窓から 潮風が 入って くる。

□ 3 今日は 海も ひときわ おだやかだ。

★ □ 4 君こそ ぼくたちに 必要だ。

次の文の述語を答えなさい。

□ 5 校長先生は いつも ゆっくりと 話す。

□ 6 草むらに 一匹《いっぴき》の 子猫《こねこ》が いる。

□ 7 あの 地域は 緑が 豊かだ。

□ 8 そこに 見えるのは 大きな 城だ。

次の文の組み立ての型を，あとから選びなさい。

□ 9 これは私のお気に入りの服だ。

□ 10 祖父の家はとても立派だ。

□ 11 机の上に置いた定期券がない。

□ 12 赤ちゃんが大きな声で泣く。

□ 13 この部屋には秘密がある。

★ □ 14 このテレビ番組はつまらない。

ア 何が—どうする　イ 何が—どんなだ

ウ 何が—何(だれ)だ

エ 何が—ある(いる・ない)

解答

1 妹は

2 潮風が

3 海も

4 君こそ

5 話す

6 いる

7 豊かだ 「どんなだ」を表す。

8 城だ

9 ウ

10 イ

11 エ

12 ア

13 エ

14 イ

「つまらない」は，一つの単語。

ぷちトク！ 主語の探し方

まずは「どうする」「どんなだ」「何(だれ)だ」「ある(いる・ない)」にあたる述語を見つけ，そのあとにそれに対応する主語を探す。

10 文節どうしの関係②

重要度

修飾・被修飾の関係

次の下線部が修飾《しゅうしょく》する一文節を答えなさい。

- □ 1 明日は妹のテニスの試合だ。
- □ 2 急いで最寄《もよ》りの駅まで歩く。
- □ 3 夜空に星がきらきら光る。
- □ 4 ここに辞書が三冊あります。
- □ 5 いろんな国で薬の開発が始まった。
- □ 6 友達とグラウンドでサッカーをした。
- □ 7 新しいマンションに家族で引《ひ》っ越《こ》した。
- ★ □ 8 たった十分で彼《かれ》は戻《もど》ってきた。

次の下線部は連用修飾語・連体修飾語のどちらか，答えなさい。

- □ 9 あの大きな木を見てください。
- □ 10 かたつむりが静かにゆっくり進む。
- □ 11 ちょうがひらひらと空を舞《ま》う。
- □ 12 祖母は今日，駅で昔の友人に会った。
- □ 13 君のその新しい傘《かさ》は素敵《すてき》だね。
- ★ □ 14 一日中探したが，財布《さいふ》が見つからない。

次の文の修飾語をすべて答えなさい。

- □ 15 その日は，朝から大雨だった。
- ★ □ 16 こんな海で，私もいつか泳ぎたいな。

解答

1 試合だ

2 歩く

3 光る

4 あります

5 国で

6 した

7 マンションに

8 十分で
「たった」は連体修飾語。

9 連体修飾語

10 連用修飾語

11 連用修飾語

12 連体修飾語

13 連体修飾語

14 連用修飾語

15 その・朝から

16 こんな・海で・いつか
まず主語と述語を見つける。

ぷちトク！ 修飾語の二つの種類

- 連体修飾語……体言（名詞）をふくむ文節を修飾する。
- 連用修飾語……用言（動詞・形容詞・形容動詞）をふくむ文節を修飾する。

11 文節どうしの関係③

重要度

接続の関係

次の文の接続語を答えなさい。

□ 1 少し疲《つか》れた。だから，今日は休もう。

□ 2 大型動物には，たとえば，きりんがいます。

□ 3 試合は六日，つまり，明後日《あさって》です。

★□ 4 重かったが，なんとか一人で運べた。

□ 5 寒かったので，家で本を読むことにした。

独立の関係

次の文の独立語を答えなさい。

□ 6 いいえ，彼《かれ》は兄ではありません。

□ 7 まあ，きれいな桜ですね。

□ 8 チャレンジ精神，それが必要だ。

文節どうしの関係

次の文には，接続の関係と独立の関係のどちらの文節がふくまれているか答えなさい。どちらでもないものは×と答えなさい。

□ 9 退屈《たいくつ》だが，しばらくの我慢《がまん》だ。

□ 10 遠くまで，大地が広がっている。

□ 11 ねえ，そろそろ返事をしてよ。

★□ 12 振《ふ》り返《かえ》ると，絶景だった。

解答

1 だから

2 たとえば

3 つまり

4 重かった<u>が</u>

5 寒かった<u>ので</u>

45の下線部は接続助詞。

6 いいえ

7 まあ

8 チャレンジ精神

それだけで独立している文節が，独立語である。

9 接続の関係

10 ×

11 独立の関係

12 接続の関係

ぷちトク！ 接続の関係の見つけ方

接続の関係をふくむ文は，二つの文に分けることができる。

例 眠《ねむ》いので，横になった。→眠い。それで，横になった。

12 文節どうしの関係④

重要度

連文節

次の下線部の連文節の働きをあとから選びなさい。

- □ **1** 妹は赤いリュックを背負った。
- □ **2** カルガモの母と子が一列になって進む。
- □ **3** 真っ白な銀世界，こんな景色は見たことがない。
- □ **4** 明日が来たら，どうせわかることだ。
- □ **5** 父が一番合格を喜んでくれた。

［ 主部　述部　修飾《しゅうしょく》部　接続部　独立部 ］

解答

1 修飾部
2 主部
3 独立部
4 接続部
5 述部

並立の関係

次の文から，並立《へいりつ》の関係の連文節を答えなさい。

- □ **6** 姉はいつでも明るくやさしい。
- □ **7** 私はケーキもパフェも好きだ。
- ★ □ **8** 駅まで自転車とバスで行きます。

6 明るくやさしい
7 ケーキもパフェも
8 自転車とバスで
対等な関係で並んでいる語句を探す。

補助の関係

次の文から，補助の関係の連文節を答えなさい。

- □ **9** ドアの前に荷物が置いてある。
- ★ □ **10** 友達に掃除《そうじ》を手伝ってもらう。
- □ **11** 一人で出かけても面白《おもしろ》くない。

9 置いてある
10 手伝ってもらう
11 面白くない
9 **10** **11** の下線部は補助用言。

ぷちトク！ 補助の関係の見つけ方

- 補助の関係は，「〇〇て△△」「〇〇で△△」の形をとることが多い。
- 補助の関係の後ろの文節（△△）は，ひらがなで書かれることが多い。

13 単語の分類①

重要度

自立語と付属語

次の文には，自立語がいくつあるか答えなさい。

- □ 1 とても　青い　空だ。
- □ 2 今日は　いつもより　涼《すず》しい。
- □ 3 宿題を　一時間で　終わらせた。
- □ 4 木の　下に　人が　立って　いる。
- □ 5 鮮《あざ》やかな　花の　写真が　撮《と》れた。
- □ 6 ところで，昨日　先生に　会えましたか。
- □ 7 こんな　ケーキは　食べた　ことが　ない。
- □ 8 あの　人の　名前を　私は　知らない。

次の文の付属語を答えなさい。

- □ 9 来年は旅行に行きたいです。
- □ 10 昨日は，あの山に登った。
- ★ □ 11 新しい店ができるらしいよ。
- □ 12 次の試合こそ勝ちたい。
- ★ □ 13 この先はゆっくり進みましょう。
- □ 14 なぜ雪が降らないのかしら。

次の文には，自立語と付属語がそれぞれいくつあるか答えなさい。

- ★ □ 15 彼女《かのじょ》は，太陽のように明るい性格だ。

解答

- 1 三つ　一文節に自立語は一つ。
- 2 三つ
- 3 三つ
- 4 五つ
- 5 四つ
- 6 四つ
- 7 五つ
- 8 五つ　「ない」には自立語と付属語がある。「ぬ」に置きかえられるものは付属語。
- 9 は・に・たい・です
- 10 は・に・た
- 11 が・らしい・よ
- 12 の・こそ・たい
- 13 は・ましょ・う
- 14 が・ない・の・かしら
- 15 自立語　四つ
  付属語　四つ
  一つの文節に複数の付属語がふくまれることがある。

ぷちトク！ 自立語と付属語の見つけ方

① 文節のはじめに必ず自立語がくるので，文節に区切って自立語を見つける。

② 文節をさらに単語に区切り，付属語を見つける。

14 単語の分類②

重要度

活用

次の下線部の自立語のうち，活用するものをすべて答えなさい。

□ **1** こんな ひどい 話 は ない だろ う。

□ **2** どうやら 彼《かれ》 は その こと を よく 知ら ない らしい。

□ **3** 体 を 動かす こと は とても 楽しい です。

□ **4** ここ は なんて 素敵《すてき》な 部屋 でしょ う。

次の文に活用する自立語がいくつあるか答えなさい。

□ **5** 弟はピーマンを食べない。

□ **6** もし海がおだやかなら，漁に出よう。

□ **7** 来月には満開の美しい桜が咲《さ》くと予想される。

★ □ **8** 先生は，私の描《か》いた絵を，個性的だと高く評価をした。

解答

1 ひどい・ない

2 知ら

3 動かす・楽しい

4 素敵な
あとに続く単語によって形が変わる単語を探す。

5 一つ

6 二つ

7 三つ

8 四つ
言い切りの形から変化している自立語に注目する。

体言・用言

次の下線部から，①体言②用言をすべて答えなさい。

★ □ **9** 今日 は 釣《つ》り に 行く ので 二時間 も 早く 起き た。

□ **10** この 新しい エンジン は とても 静かで 驚《おどろ》い た。

解答

9 ①今日・釣り・二時間
②行く・早く・起き

10 ①エンジン
②新しい・静かで・驚い

ぷちトク！ 体言と用言の見つけ方

- 体言…「が」「は」「も」 などをつけて主語になれる自立語(＝名詞)。
- 用言…単独で述語になれる自立語(＝動詞・形容詞・形容動詞)。

15 品詞の分類

重要度

品詞の種類

解答

次の説明に合う品詞名を答えなさい。

- □ **1** 自立語で活用があり，言い切りの形が「だ(です)」で終わる。
  - **1** 形容動詞
- □ **2** 自立語で活用があり，言い切りの形がウ段の音で終わる。
  - **2** 動詞
  - 用言の一つである。
- □ **3** 自立語で活用せず，主に連用修飾《しゅうしょく》語になる。
  - **3** 副詞
- □ **4** 自立語で活用せず，連体修飾語になる。
  - **4** 連体詞
- □ **5** 付属語で活用しない。
  - **5** 助詞
- □ **6** 自立語で活用せず，主語になる。
  - **6** 名詞

次の単語の品詞名を答えなさい。

- ★ □ **7** 大きな・この・いわゆる
  - **7** 連体詞
- □ **8** のんびり・ザーザー・もっと
  - **8** 副詞
- □ **9** ながら・さえ・から
  - **9** 助詞
- □ **10** れる・ようだ・たがる
  - **10** 助動詞
  - 付属語で活用する。

次の下線部の語の品詞名を答えなさい。

- ★ □ **11** ポストには手紙がなかった。
  - **11** 形容詞
- □ **12** ふう，やっと着いたよ。
  - **12** 感動詞
- □ **13** 合宿一日目および二日目に記録会を行う。
  - **13** 接続詞
- ★ □ **14** 弟は本番で見事にシュートを決めた。
  - **14** 形容動詞
  - 言い切りの形を考える。

ぷちトク！ 品詞の分類の注意点

- 活用する品詞…自立語なら用言(動詞・形容詞・形容動詞)，付属語なら助動詞。
- 活用しない品詞…文の働きから見分ける(名詞・副詞・連体詞・接続詞・感動詞)。
  文節で分けたとき，自立語の後ろにつき，活用しないものは助詞。

16 語彙

重要度

心情を表す語彙

次の意味の語句を，あとから選びなさい。

- □ 1 尊敬し，親しみの気持ちをもつこと。
- ★ □ 2 悲しい思いにしずむこと。
- □ 3 あきらめきれないこと。
- ★ □ 4 非常にくやしいこと。
- □ 5 期待通りにいって，満足すること。

〔会心　敬愛　未練　無念　傷心〕

様子・行為を表す語彙

次の(　　)にあてはまる語句を答えなさい。

- □ 6 彼《かれ》は(　　)が立つので，スピーチを任せたい。
- ★ □ 7 試合前の緊張《きんちょう》をほぐそうと，部長は(　　)をたたいて，チームメイトを笑わせた。
- □ 8 ボールに当たらないように，(　　)をかわす。
- □ 9 ライバルたちとの(　　)を削《けず》る戦いを勝ちぬく。
- □ 10 一瞬《いっしゅん》の油断で，これまでの努力が(　　)に帰す(る)ので，気をつけよう。
- □ 11 二十年ぶりに母校の(　　)をくぐる。

解答

1 敬愛

2 傷心

3 未練

4 無念

5 会心

6 弁　話し方が上手なこと。

7 軽口

8 身［体《たい》］

9 しのぎ　激しく争うこと。

10 無［水泡《すいほう》］

11 門

ぷちトク！ これも覚えておきたい語彙《ごい》

- 感服…感心して尊敬の気持ちを抱《いだ》くこと。
- 畏敬《いけい》…心からおそれ敬うこと。
- 口にのりする…貧しいながらも何とか生計を立てること。

17 原因・結果，意見・根拠

重要度

原因・結果

次の文章の原因と結果が正しい関係になっていれば○，なっていなければ×と答えなさい。

□ **1** 屋久島《やくしま》は，長年独自の環境《かんきょう》を守ってきた。そのため，多くの種類の動植物が生息している。

★□ **2** この地域の夏はとても暑い。だから，この部屋にはクーラーがない。

□ **3** 山下《やました》さんは背が高い。ゆえに，学年で一番足が速い。

意見・根拠

★□ **4**「お礼の手紙はパソコンで作成するよりも手書きのほうがよい」という意見の根拠《こんきょ》として，もっとも説得力のあるものを選びなさい。

ア　書き手の気持ちが文字に表れるから。

イ　機械に頼《たよ》るより自分で書くべきだから。

ウ　感謝の気持ちを伝えるのは大切だから。

□ **5**「地球環境のために水筒《すいとう》を持ち歩き，できるだけペットボトル飲料を買わないことに賛成だ」という意見の，根拠となる資料を選びなさい。

ア　お小遣《こづか》いにしめるペットボトル飲料の購入《こうにゅう》額《がく》の割合。

イ　ペットボトルによる海洋汚染《おせん》の資料。

ウ　水筒の良さを示した説明書。

解答

1 ○

2 ×
接続語に着目する。

3 ×
原因と結果のつながりがすべてに成り立つかを考える。

4 ア
意見と根拠のつながりに着目する。

5 イ
根拠となる資料を示すことで，意見に説得力をもたせることができる。
意見の「地球環境のために」に着目する。

ぷちトク！ 意見と根拠

自分の意見に説得力をもたせるには，意見を裏づける確かな根拠を示すことが大切。
複数の資料から，十分に根拠となりうる資料かを確かめ，適切に選ぼう。

18 比較・分類・関係づけ

重要度

情報を比べる・分類する・広げる

解答

次の図や表を見て，(　　)にあてはまる語句を，あとからそれぞれ選びなさい。

A

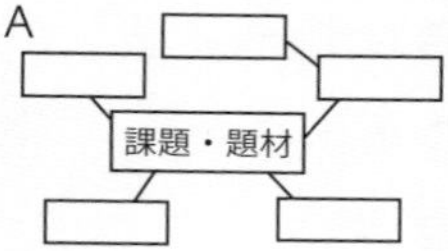

B

	a	b
①		
②		
③		

C

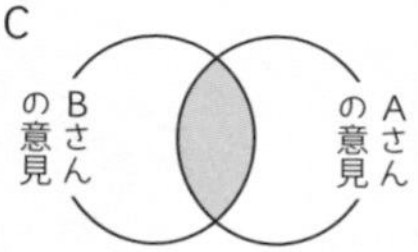

D

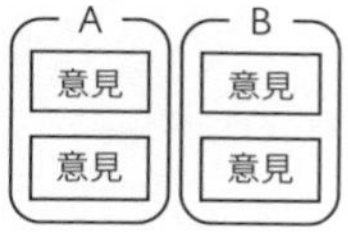

□ **1** 図Aの方法は，思いつくことばを次々に書いていくことで(　　)を広げ，それらを関連付ける。

1 発想
「マッピング」とよばれる方法。

★ □ **2** 表Bの方法は，a・bや①～③の欄《らん》に，目的に合う(　　)を書き入れることで，複数のものごとの情報を比較《ひかく》することができる。

2 観点
マトリックス(二次元)表である。数値の比較などもできる。

□ **3** 図Cの方法は，複数のものごとの特徴《とくちょう》を相違《そうい》点と共通点で分類できる。円の重なった▒の部分が，ものごとの(　　)である。

3 共通点
「ベン図」という。

★ □ **4** 図Dの方法は，話し合いで出た意見を付箋《ふせん》などに書き出し，共通点や相違点に着目して(　　)分けすることで，たくさんの情報を整理することができる。

4 グループ
「ＫＪ法」という。考案した川喜田二郎《かわきたじろう》氏のローマ字表記の頭文字から名づけられた。

〔共通点　相違点　グループ　発想　観点〕

ぷちトク！ フローチャート

- ものごとの順序や流れ，変化などがつかみやすくなる。
- 文章全体の構成や行動の手順などの理解に役立つ。

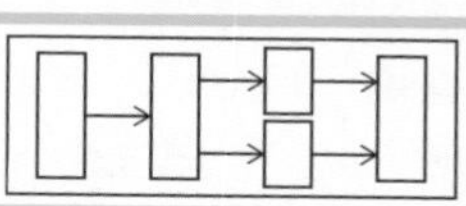

19 表現技法

重要度

表現技法

次の説明にあてはまる表現技法を，あとから選びなさい。

□ **1** 文末や句末を体言（名詞）で結び，余韻《よいん》を残す。

□ **2** 語順を入れかえて印象を強める。

□ **3** ことばや文を途中《とちゅう》で終えて想像させる。

□ **4** 形や意味が対応するようにことばや文を並べる。

□ **5** 人でないものを人や人の動作にたとえる。

□ **6** 同じことばや文を繰《く》り返《かえ》して強調する。

〔 省略　体言止め　反復
対句《ついく》　擬人法《ぎじんほう》　倒置《とうち》 〕

次の文で使われている表現技法を，あとから選びなさい。

□ **7** 空は果てしなく高く，海はどこまでも深い。

★ □ **8** だれが何と言おうとぼくは行く，昔から夢にみたあの国へ。

★ □ **9** 私が大好きな食べ物。それは母のつくったカレーです。

★ □ **10** 彼女《かのじょ》はとてもゆっくり歩く。その動きはまるで牛のようだ。

〔 隠喩《いんゆ》　擬人法　対句
直喩　体言止め　倒置 〕

解答

1 体言止め

2 倒置

3 省略

4 対句

5 擬人法

6 反復

7 対句

8 倒置
語順に着目する。

9 体言止め
一文目が体言で終わっている。

10 直喩
「まるで～ようだ」という表現に着目する。

ぷちトク！ 隠喩

隠喩は，「まるで～」や「～ようだ」などの表現を使わずにたとえて表現する方法。

例 ・ガラスの心をもつ。　・あの人は私にとって輝《かがや》く星だ。

20 古文

重要度

歴史的仮名遣い

次の下線部の語句を現代仮《か》名《な》遣《づか》いに直しなさい。

- □ 1 笛を吹《ふ》き<u>あらはす</u>
- □ 2 葉の濃《こ》く<u>あをき</u>に
- □ 3 <u>いみじう</u>あざやかに見えたる
- □ 4 <u>まうで</u>来たりける
- □ 5 たきぎを<u>ひろひゐたる</u>
- □ 6 ふかき<u>ゆゑ</u>あらん

解答

1 あらわす
2 あおき
3 いみじゅう
4 もうで
5 ひろいいたる
6 ゆえ

現代と意味の異なる古語

次の語句の意味を，あとから選びなさい。

- □ 7 ありがたし
- □ 8 うつくし
- □ 9 わろし
- ★ □ 10 いと
- □ 11 げに
- ★ □ 12 めでたし
- ★ □ 13 あはれなり

〔 みっともない　とても　すばらしい
めったにない　本当に　かわいらしい
しみじみと心に深く感じられる 〕

解答

7 めったにない
8 かわいらしい
9 みっともない
10 とても
11 本当に
12 すばらしい
13 しみじみと心に深く感じられる

ぷちトク！ 語頭の「は・ひ・ふ・へ・ほ」

古文を読むときは,「は・ひ・ふ・へ・ほ」は「わ・い・う・え・お」に直すが,「はな(花)」のように語頭にある場合は直さないこと。

21 漢文

重要度

訓読の仕方・故事成語

返り点に従って□に読む順番を書き入れていくとき、□に入る数字を漢数字で答えなさい。

1 □□㆑□。

2 □□㆑□㆑□。

3 □□㆓□□㆒□。

次の書き下し文になるように返り点をつけた漢文を、あとから選びなさい。

4 百聞は一見に如《し》かず

ア 百聞ハ不ズ㆓如カ一見ニ

イ 百聞ハ不㆑如カ㆑一見ニ

ウ 百聞ハ不㆑如カ㆓一見ニ㆒

5 備え有れば患《うれ》ひ無し

ア 有レバ備エ㆑無シ㆑患ヒ

イ 有レバ㆑備エ無シ㆑患ヒ

ウ 有レバ㆑備エ㆑無シ患ヒ

6 5の故事成語の意味をあとから選びなさい。

ア ものごとの様子がつかめず、方針や見込《みこ》みが立たないこと。

イ 二つの勢力が争っている間に、争いに直接関係しない第三者が利益を得ること。

ウ ひごろから準備ができていれば、万が一のことが起こっても心配することはない。

解答

1 二

2 四

3 三

4 ウ 「不」は書き下し文ではひらがなで書く。

5 イ

6 ウ ほかは「五里霧《む》中《ちゅう》」と「漁夫の利」。

ぷちトク！ 返り点

- 一字返って読むときはレ点，二字以上返って読むときは一・二点をつける。
- 左下に返り点のない字から読み始めること。

22 古典の種類

重要度

古典の種類

解答

次の説明に合う古典の種類を，あとから選びなさい。

★ □ **1** 漢字だけを用いて古代中国の文体で書かれた文章。

1 漢文

□ **2** 漢字仮名《かな》交じりで，作者の想像や見聞などをもとに書かれた文学作品。

2 物語

□ **3** 複数人で詠《よ》む連歌《れんが》から派生したもので，こっけい味が強いのが特徴《とくちょう》。

3 俳諧
明治《めいじ》時代に正岡子規《まさおかしき》らが「俳句」として確立する。

□ **4** 中国で唐《とう》の時代に確立された古典文学で，字数や行数に決まりがある詩。

4 漢詩
形式は，絶句と律詩に大きく分けられる。

□ **5** さまざまなテーマについて，筆者が独自の感性や見聞を自由な形式で書きつづった文章。

5 随筆

★ □ **6** 日本固有の詩歌《しいか》で，いくつかある形式のなかで三十一音の短歌がもっとも詠まれた。

〔 和歌　俳諧《はいかい》　漢文
物語　随筆《ずいひつ》　漢詩 〕

6 和歌
歌集には，「万葉集《まんようしゅう》」「古今《こきん》和歌集」「新古今《しんこきん》和歌集」などがある。

代表的な古典作品

★ □ **7** 日本最古の物語を選びなさい。
〔 伊曾保《いそほ》物語　伊勢《いせ》物語　竹取《たけとり》物語 〕

7 竹取物語
作者不明の作品。
「伊曾保物語」は「イソップ物語」をポルトガル語から訳したもの。

ぷちトク！ 古典の三大随筆

①「枕草子《まくらのそうし》」清少納言《せいしょうなごん》(平安《へいあん》時代)　②「方丈記《ほうじょうき》」鴨長明《かものちょうめい》(鎌倉《かまくら》時代)
③「徒然草《つれづれぐさ》」兼好《けんこう》法師(鎌倉時代)

ぷち まとめ

覚えておきたい文の文節分け

◎文節分けをマスターしよう

文節のはじめには必ず自立語がくる。一つの文節にふくまれる自立語は必ず一つだけ。

自＝自立語　付＝付属語

君は／海のような／広い／心で、／いつも／ぼくの／失敗を／許してくれる。

君	自	名詞
は	付	助詞
海	自	名詞
の	付	助詞
ような	付	助動詞
広い	自	形容詞
心	自	名詞
で、	付	助詞
いつも	自	副詞
ぼく	自	名詞
の	付	助詞
失敗	自	名詞
を	付	助詞
許し	自	動詞
て	付	助詞
くれる。	自	動詞

「ような」は助動詞の「ようだ」の連体形。付属語なので、それだけで一文節にはならない。

「くれる」のように、補助の役割をする動詞は、自立語なので、それだけで一文節になる。

雪が／降り積もったので、／あの／公園で／みんなと／雪合戦を／したい。

雪	自	名詞
が	付	助詞
降り積もっ	自	動詞
た	付	助動詞
ので、	付	助詞
あの	自	連体詞
公園	自	名詞
で	付	助詞
みんな	自	名詞
と	付	助詞
雪合戦	自	名詞
を	付	助詞
し	自	動詞
たい。	付	助動詞

「降り積もる」のような複合語は、二つの文節に分けない。

「あの」のような連体詞は、自立語なので、それだけで一文節になる。

②